AGNÈS M[illegible] LUGAND

Après six ans d'exercice en tant que psychologue clinicienne dans la protection de l'enfance, Agnès Martin-Lugand se consacre désormais à l'écriture. Elle fait aujourd'hui partie des auteurs les plus lus en France. Son premier roman, *Les gens heureux lisent et boivent du café* (Michel Lafon, 2013), a connu un immense succès auprès du grand public. Il est suivi de *Entre mes mains le bonheur se faufile* (2014), *La vie est facile, ne t'inquiète pas* (2015), suite de son premier roman, *Désolée, je suis attendue* (2016), *J'ai toujours cette musique dans la tête* (2017) et *À la lumière du petit matin* (2018), toujours chez le même éditeur.
Son dernier roman, *Une évidence*, paraît en 2019 aux Éditions Michel Lafon.

Retrouvez toute l'actualité de l'auteur sur :
www.agnesmartinlugand.fr
www.facebook.com/agnes.martinlugand.auteur
www.instagram.com/agnesmartinlugand.auteur

LA VIE EST FACILE, NE T'INQUIÈTE PAS

DU MÊME AUTEUR
CHEZ POCKET

LES GENS HEUREUX LISENT ET BOIVENT DU CAFÉ

ENTRE MES MAINS LE BONHEUR SE FAUFILE

LA VIE EST FACILE, NE T'INQUIÈTE PAS

DÉSOLÉE, JE SUIS ATTENDUE

J'AI TOUJOURS CETTE MUSIQUE DANS LA TÊTE

À LA LUMIÈRE DU PETIT MATIN

AGNÈS MARTIN-LUGAND

LA VIE EST FACILE, NE T'INQUIÈTE PAS

ROMAN

Michel LAFON

MIXTE
Papier issu de sources responsables
FSC® C003309

Pocket, une marque d'Univers Poche,
est un éditeur qui s'engage pour la préservation
de son environnement et qui utilise du papier fabriqué
à partir de bois provenant de forêts
gérées de manière responsable.

ISBN : 978-2-266-30089-6

Pour mes trois hommes…

L'aboutissement d'un deuil normal
n'est en aucune façon l'oubli du disparu,
mais l'aptitude à le situer à sa juste place
dans une histoire achevée, l'aptitude
à réinvestir pleinement les activités vivantes,
les projets et les désirs qui donnent
de la valeur à l'existence.

Monique BYDLOWSKI, *Je rêve un enfant.*

Don't worry. Life is easy.

AARON, *Little Love.*

– 1 –

Comment avais-je pu, une nouvelle fois, céder à l'insistance de Félix ? Par je ne savais quel miracle, il réussissait toujours à m'avoir : il trouvait un argument, un encouragement pour me convaincre d'y aller. Chaque fois, je me laissais berner, me disant que, peut-être, il y aurait un je-ne-sais-quoi qui me ferait flancher. Pourtant, je connaissais Félix comme si je l'avais fait, et nos goûts étaient diamétralement opposés. Alors, quand il pensait et décidait à ma place, il était fatalement à côté de la plaque. J'aurais pourtant dû le savoir, depuis le temps que nous étions amis. Et voilà comment, pour la sixième fois consécutive, je passais un samedi soir en compagnie d'un parfait imbécile.

La semaine précédente, j'avais eu droit au champion du bio et de la vie saine. À croire que Félix avait eu un trou de mémoire concernant les vices de sa meilleure amie. J'avais passé la soirée à recevoir des leçons sur ma consommation de tabac, d'alcool et de malbouffe. Ce babos en tongs m'avait déclaré de façon très naturelle que mon hygiène de vie était désastreuse, que je finirais stérile et qu'inconsciemment je devais chercher à flirter avec la mort. Félix n'avait pas dû lui fournir la fiche technique de sa prétendante. Avec mon plus beau sourire, je lui avais répondu qu'effectivement j'en connaissais un rayon au sujet de la mort et des envies de suicide, et j'étais partie.

Le crétin du jour était d'un autre style : plutôt beau type, une descente respectable et pas donneur de leçon. Son défaut, et non des moindres, était qu'il semblait convaincu de m'attirer dans son lit en me contant ses exploits en compagnie de sa maîtresse, prénommée GoPro : « Avec ma GoPro, cet été, on a descendu un torrent glacé… Avec ma GoPro, cet hiver, on a fait du ski de bosses… Je me suis douché avec ma GoPro… Tu sais, l'autre jour, j'ai essayé le métro avec ma GoPro », etc. Ça faisait plus d'une heure que ça durait, il était incapable de faire une phrase sans en parler. J'en étais au point où je me demandais s'il allait aux toilettes avec.

— Je vais où avec ma GoPro ? Je n'ai pas bien compris, je crois, s'interrompit-il brusquement.

Holà… j'avais pensé à voix haute. J'en avais marre de passer pour la méchante, incapable de s'intéresser à ce qu'on lui racontait et se demandant ce qu'elle faisait là. Pourtant, je décidai d'arracher le pansement d'un coup sec.

— Écoute, tu es certainement un type très sympa, mais tu vis une trop grande histoire d'amour avec ta caméra sur le front pour que j'aie envie de m'immiscer entre vous. Je me passerai de dessert. Et le café, j'ai ce qu'il faut chez moi.

— C'est quoi le problème ?

Je me levai, il m'imita. En guise d'adieu, je me contentai d'un signe de la main puis me dirigeai vers la caisse ; je n'étais pas devenue sauvage au point de lui laisser payer la note de ce fiasco. Je lui jetai un dernier coup d'œil et étouffai un fou rire. C'est moi qui aurais dû avoir une GoPro pour garder un souvenir de sa tête. Pauvre garçon…

Le lendemain, je fus réveillée par mon téléphone. Qui osait interrompre ma sacro-sainte grasse matinée du dimanche matin ? Inutile de me poser cette question !

— Oui, Félix, grognai-je dans le combiné.

— *And the winner is ?*

— Boucle-la.

Son gloussement m'agaça.

— Je t'attends où tu sais dans une heure, articula-t-il avec difficulté avant de raccrocher.

Je m'étirai comme un chat dans mon lit avant de consulter mon réveil : 12 h 45. Ç'aurait pu être pire. Autant je n'avais aucun problème à me lever en semaine pour ouvrir *Les Gens heureux lisent et boivent du café*, mon café littéraire, autant je tenais à cette grande plage de sommeil du dimanche pour récupérer, pour me vider la tête. Dormir restait mon refuge ; après celui de mes grands chagrins, il était celui de mes petits problèmes. Une fois debout, je constatai avec bonheur que la journée serait belle ; le printemps parisien était au rendez-vous.

Lorsque je fus prête à partir, je me retins d'emporter les clés des *Gens* ; c'était dimanche, et je m'étais promis de ne plus y passer le « jour du Seigneur ». Je pris tout mon temps pour rejoindre la rue des Archives. Je flânai, m'offris un peu de lèche-vitrine en grillant ma première cigarette de la journée, croisai des clients habituels des *Gens* que je saluai de la main. Ce charme paisible fut rompu par Félix lorsque j'arrivai à notre terrasse dominicale.

— Tu foutais quoi ? J'ai failli me faire virer de notre table !

— Bonjour, mon Félix adoré, lui répondis-je en lui claquant une grosse bise sur la joue.

Il plissa les yeux.

— Tu es trop gentille, ça cache quelque chose.

— Pas du tout ! Raconte-moi ta soirée. Tu as fini à quelle heure ?

— Quand je t'ai téléphoné. J'ai faim, commandons !

Je le laissai adresser un signe au serveur pour lui réclamer notre brunch. C'était son nouveau dada. Pour se rassurer, il avait décrété qu'après ses folles soirées du samedi, le brunch le conserverait davantage qu'un vieux bout de pizza réchauffé. Depuis, il me voulait au garde-à-vous pour l'admirer dévorer ses œufs brouillés, sa baguette, ses saucisses et boire son litre de jus d'orange censé étancher sa soif post-after.

Comme d'habitude, je n'avais fait que picorer ses restes ; il me coupait l'appétit. Lunettes de soleil vissées sur le nez, nous fumions, avachis sur nos chaises.

— Tu vas les voir demain ?

— Comme d'hab', lui répondis-je en souriant.

— Embrasse-les pour moi.

— Promis. Tu n'y vas plus jamais ?

— Non, je n'en éprouve plus le besoin.

— Et dire que je ne voulais pas y mettre les pieds, avant !

C'était devenu mon rituel du lundi. *Les Gens* étaient fermés, j'allais rendre visite à Colin et Clara. Qu'il pleuve, qu'il vente ou qu'il neige, j'avais rendez-vous avec eux. J'aimais leur raconter ma semaine, les petites histoires des *Gens*… Depuis que j'avais recommencé à sortir, je détaillais mes rencards foireux à Colin, j'avais l'impression de l'entendre rire, et je riais avec lui, comme si nous complotions. Clara, c'était beaucoup plus compliqué de m'adresser à elle en confidence. Ma fille, son souvenir, me faisait toujours tomber dans un gouffre de douleur. Machinalement, je portai la main à mon cou ; c'était durant un de ces tête-à-tête avec Colin que j'avais retiré de ma chaîne mon alliance qui y faisait office de pendentif. Définitivement.

Depuis quelques mois, mon cou était nu. J'avais expliqué à Colin que j'avais réfléchi et que je songeais à accepter les propositions de rencontres suggérées par Félix.

— Mon amour… tu es là… tu seras toujours là… mais tu es parti… tu es loin et tu ne reviendras jamais, je l'ai accepté… j'ai envie d'essayer, tu sais…

J'avais soupiré, tenté de ravaler mes larmes, et j'avais joué avec mon alliance du bout des doigts.

— Elle commence à peser lourd… Je sais que tu ne m'en voudras pas… je crois que je suis prête… je vais l'enlever… je sens que je suis guérie de toi… je t'aimerai toujours, ça ne changera pas, mais c'est différent maintenant… je sais vivre sans toi…

J'avais embrassé la tombe et décroché ma chaîne. Mes yeux avaient débordé. J'avais serré de toutes mes forces mon alliance dans mon poing. Puis je m'étais relevée.

— À la semaine prochaine mes amours. Ma Clara… maman… maman t'aime.

J'étais partie sans me retourner.

Félix m'interrompit dans mes pensées en me tapotant la cuisse.

— On va marcher, il fait beau.

— Je te suis !

Nous partîmes arpenter les quais. Comme chaque dimanche, Félix exigea de traverser la Seine et de faire un crochet à Notre-Dame pour allumer une bougie. « Je dois racheter mes péchés », se justifiait-il. Je n'étais pas dupe : son offrande votive était pour Clara et Colin, son moyen de maintenir un lien avec eux. Pendant qu'il se recueillait, je patientai à l'extérieur de la cathédrale, observant les touristes qui se faisaient attaquer par les pigeons. J'eus le temps de me griller une clope avant d'assister à un remake de la mort de la maman d'Amélie Poulain, interprété par un Félix digne d'un Oscar – surtout le cri ! Ensuite, le merveilleux acteur qu'il était vint me prendre par les épaules, salua un public en délire imaginaire et me fit prendre tranquillement le chemin du retour vers notre Marais chéri et notre sushi bar du dimanche soir.

Félix buvait du saké. « Il faut combattre le mal par le mal », me disait-il. Quant à moi, je me contentais d'une Tsingtao. Entre deux makis, il passa à l'attaque et exigea son débrief. Ç'allait être bref !

— Alors celui d'hier, tu lui reproches quoi ?

— Sa caméra sur le front !

— Waouh ! C'est vachement excitant.

Je lui mis une bonne calotte sur le crâne.

— Quand comprendras-tu que nous n'avons pas la même sexualité ?

— Tu es d'un triste, se lamenta-t-il.

— On se rentre ? Le film de TF1 ne va pas nous attendre.

Félix me raccompagna jusqu'à la porte de l'immeuble des *Gens*, comme toujours. Et me broya contre lui, comme toujours.

— J'ai quelque chose à te demander, lui dis-je alors que j'étais encore dans ses bras.

— Quoi ?

— S'il te plaît, arrête de jouer à Meetic, je n'en peux plus de ces soirées ratées. C'est décourageant !

Il me repoussa.

— Non, je n'arrêterai pas. Je veux que tu rencontres un type bien, sympa, avec qui tu seras heureuse.

— Tu ne me présentes que des guignols, Félix ! Je vais me débrouiller toute seule.

Il vrilla ses yeux aux miens.

— Tu penses encore à ton Irlandais ?

— Arrête de dire des conneries ! Ça fait un an que je suis rentrée d'Irlande. T'ai-je déjà reparlé d'Edward ? Non ! Il n'a rien à voir avec ça. C'est de l'histoire ancienne. Ce n'est pas ma faute si tu ne me présentes que des charlots !

— OK, OK ! Je te fiche la paix quelque temps, mais ouvre-toi un peu aux rencontres. Tu sais comme moi que Colin souhaiterait que tu aies quelqu'un dans ta vie.

— Je sais. Et c'est bien mon intention… Bonne nuit, Félix. À demain ! C'est le grand jour !

— Yes !

Je lui offris la même grosse bise que quelques heures auparavant et pénétrai dans mon immeuble. Malgré l'insistance de Félix, je ne voulais pas déménager. J'aimais vivre au-dessus des *Gens*, dans mon petit appartement. J'étais au cœur de l'activité, ça me convenait. Et surtout, c'était là que je m'étais reconstruite toute seule, sans l'aide de personne. Je pris l'escalier plutôt que l'ascenseur et grimpai jusqu'au cinquième. En arrivant chez moi, je m'adossai à la porte d'entrée et soupirai de contentement. Malgré notre dernière conversation, j'avais passé une superbe journée avec Félix.

Contrairement à ce qu'il croyait, je ne regardais jamais le film de TF1. Je mettais de la musique – ce soir, c'était Ásgeir, *King and Cross* –, et entamais ce que j'avais intitulé ma soirée spa. J'avais décidé de prendre soin de moi, et quel meilleur moment que le dimanche soir pour s'accorder le temps de se faire un masque, un gommage et tous ces trucs de fille ?

Une heure et demie plus tard, je sortais enfin de la salle de bains, je sentais bon et j'avais la peau douce. Je me fis couler mon dernier café de la journée et m'écroulai sur le canapé. J'allumai une cigarette et laissai mon esprit vagabonder. Félix n'avait jamais su ce qui m'avait fait ranger Edward au fond de ma mémoire pour ne plus penser à lui.

Après mon retour d'Irlande, je n'avais gardé contact avec personne : ni avec Abby et Jack, ni avec Judith, et encore moins avec Edward. Évidemment, il m'avait manqué par-dessus tout. Son souvenir revenait par vagues, parfois heureuses, parfois douloureuses. Mais plus le temps passait, plus j'étais sûre que je ne prendrais jamais de leurs nouvelles, et surtout pas des siennes. Cela n'aurait rimé à rien après tant de temps ; aujourd'hui plus d'une année… Pourtant…

Environ six mois plus tôt, un dimanche d'hiver où il pleuvait des cordes, j'étais restée enfermée chez moi et je m'étais lancée dans du tri de placard ; j'étais tombée sur la boîte où j'avais enfoui les photos qu'il avait prises de nous deux sur les îles d'Aran. Je l'avais ouverte et m'étais liquéfiée en redécouvrant son visage. Comme saisie d'un coup de folie, je m'étais précipitée sur mon téléphone, j'avais retrouvé son numéro dans mon répertoire et j'avais appuyé sur la touche appel. Je voulais, non, je devais savoir ce qu'il devenait. À chaque sonnerie, j'avais été à deux doigts de raccrocher, partagée entre la crainte de l'entendre et un profond désir de renouer avec lui. Et le répondeur s'était déclenché : juste son prénom, prononcé par sa voix rauque, et un bip. J'avais bafouillé : « Euh… Edward… C'est moi… c'est Diane. Je voulais… je voulais savoir… euh… comment tu allais… Rappelle-moi… s'il te plaît. » Après avoir raccroché, je m'étais dit que j'avais fait une bêtise. J'avais tourné en rond dans la pièce en me rongeant les ongles. L'obsession d'avoir de ses nouvelles, d'apprendre s'il m'avait oubliée ou non m'avait scotchée à mon téléphone toute la fin de la journée.

Au point de refaire une tentative à plus de 22 heures. Il n'avait pas décroché. À mon réveil, le lendemain matin, je m'étais traitée de tous les noms en prenant conscience du ridicule de mon appel. Mon coup de folie m'avait fait comprendre qu'il n'y avait plus d'Edward, il ne resterait qu'une parenthèse dans ma vie. Il m'avait mise sur le chemin pour me libérer d'un devoir de loyauté envers Colin. Je me sentais aujourd'hui libérée de lui aussi. J'étais prête à m'ouvrir aux autres.

– 2 –

En ouvrant les yeux ce lundi matin, je savourai l'importance de cette journée. Le soir, lorsque je me coucherais, je serais l'unique propriétaire des *Gens heureux lisent et boivent du café*.

Après mon retour d'Irlande, il m'avait fallu plusieurs semaines pour me décider à donner signe de vie à mes parents. Je n'avais aucune envie de m'accrocher avec eux ni de subir leurs remarques sur l'état de mon existence. Lorsque je leur avais enfin téléphoné, ils m'avaient proposé de venir dîner chez eux, et j'avais dit « oui ». En arrivant dans l'appartement familial, je m'étais sentie mal à l'aise, comme chaque fois que j'y pénétrais. Nous n'arrivions pas à communiquer normalement. Mon père était resté silencieux et ma mère et moi avions tourné autour du pot sans trouver un sujet de conversation. En passant à table, mon père s'était enfin décidé à m'adresser la parole :

— Comment vont les affaires ? avait-il ricané.

Son ton et son regard fuyant m'avaient mise sur la défensive.

— Je redresse la barre, petit à petit. J'espère que les comptes passeront au vert d'ici deux mois. J'ai des idées pour développer.

— Ne raconte pas de sornettes, tu n'y connais rien. Nous te le disons depuis la mort de Colin, c'était lui qui faisait tourner la boutique, en plus de son travail au cabinet.

— J'apprends, papa ! Je veux y arriver, et j'y arriverai !

— Tu en es incapable, c'est bien pour ça que je compte prendre les choses en main.

— Je peux savoir comment ?

— Comme je doute que tu retrouves un homme capable de tout faire pour toi, je vais embaucher un gérant, solide, sérieux. Si tu veux continuer à jouer les serveuses, je ne t'en empêcherai pas. Ça t'occupera.

— Papa, je ne suis pas sûre de comprendre…

— Je vois à ta mine que tu comprends très bien, c'est fini les enfantillages !

— Tu n'as pas le droit !

Je m'étais levée brusquement, ma chaise était tombée.

— Je suis chez moi aux *Gens* !

— Non, tu es chez nous !

J'avais enragé à l'intérieur, mais au fond je savais que mon père avait raison. C'étaient eux, les vrais propriétaires des *Gens* : pour m'offrir une activité, ils avaient sorti le chéquier, rassurés et encouragés par Colin.

— Fais une scène, si ça t'amuse, avait-il poursuivi. Je te laisse trois mois.

J'étais partie en claquant la porte. C'était à cet instant que j'avais compris que j'avais changé, que je m'étais endurcie. Avant j'aurais été abattue, j'aurais traversé une nouvelle dépression. Cette fois, j'étais déterminée, j'avais un plan. Ce qu'ils ne savaient pas à l'époque, c'est que j'avais déjà commencé le travail.

J'avais redressé la barre, en commençant par installer le Wi-Fi gratuit dans le café. Grâce à ça, j'avais attiré une clientèle d'étudiants – certains passaient des après-midi entiers à travailler dans la salle du fond. Pour le café et la bière, j'avais institué un tarif réduit, ce qui m'assurait leur fidélité. La plupart avaient fini par prendre l'habitude d'acheter leurs livres chez moi, sachant que j'étais prête à me plier en quatre pour dénicher la biographie qui sauverait leur exposé. La régularité de l'ouverture des *Gens* avait fait son effet, j'ouvrais tous les jours à heure fixe, contrairement à l'époque où Félix était seul aux commandes. Cela m'avait permis de développer une atmosphère rassurante. Plus personne ne trouvait porte close.

Les trois pics d'activité de la journée étaient simples : le matin pour le petit café avant de partir au boulot, à midi pendant la pause-déjeuner – les littéraires qui oubliaient de manger pour dénicher un nouveau roman –, et l'apéro du soir à la sortie du bureau ; dans ces cas-là, c'était le petit verre au comptoir et, de temps en temps, l'achat d'un livre de poche pour occuper une soirée en solo. Ponctuellement, je donnais carte blanche à Félix, qui organisait une soirée thématique ; il n'avait pas son pareil en matière d'animation. Il trouvait toujours un intervenant farfelu, diablement cultivé, qui débattait sur le thème abordé – toujours sulfureux – et faisait couler l'alcool à flots. Si bien que les participants repartaient toujours avec plusieurs livres sous le bras, sans avoir véritablement conscience de ce dont il avait été question.

Et le pourboire de Félix se traduisait par des promesses de nuits torrides. Je n'assistais jamais à ces soirées, c'était sa partie ; le moment où je le laissais s'amuser et où je fermais les yeux sur sa clientèle underground.

J'avais voulu que *Les Gens* deviennent un lieu convivial, chaleureux, ouvert à tous, où toutes les littératures trouvaient leur place. Je voulais conseiller les lecteurs en leur permettant de se faire plaisir, de lire les histoires dont ils avaient envie, et ce sans en avoir honte. Peu importait qu'ils veuillent lire un prix littéraire ou un succès populaire, une seule chose comptait : que les clients lisent, sans avoir l'impression d'être jugés quant à leurs choix. La lecture avait toujours été un plaisir pour moi, je souhaitais que les personnes qui fréquentaient mon café le ressentent, le découvrent et tentent l'aventure pour les plus réfractaires. Sur mes étagères, toutes les littératures se mélangeaient ; le polar, la littérature générale, le roman sentimental, la poésie, le *young adult*, les témoignages, les best-sellers et les titres plus confidentiels. C'était mon grand bazar où Félix, les habitués et moi nous retrouvions. J'aimais le côté chasse au trésor pour trouver LE livre. Les nouveaux clients étaient initiés au fur et à mesure par les uns et les autres.

Aujourd'hui, *Les Gens* étaient mon équilibre. Ils m'avaient permis de sortir la tête de l'eau, de réinstaller ma vie à Paris, de réaliser à quel point le travail m'était bénéfique, de me prouver à moi-même – à défaut de le démontrer à mes parents – que j'étais capable de faire quelque chose. Grâce aux *Gens*, j'étais redevenue un être doué de relations sociales, j'étais une femme qui travaillait et qui s'assumait. Il m'avait fallu perdre ce qui m'était le plus cher pour saisir l'attachement qui me liait à cet endroit, à ces quatre murs. Depuis un an, je n'avais pas pris un jour de congé, j'étais incapable de le quitter et je ne laisserais plus jamais Félix s'en occuper seul.

Le seul échec pour développer notre affaire n'était pas dû au manque de clientèle : j'en étais responsable. J'avais eu l'idée de proposer des ateliers lecture pour les enfants, les mercredis après-midi. Félix m'avait encouragée, il savait que j'adorais la littérature enfantine. Nous avions fait de la pub, distribué des tracts dans les écoles du quartier, les centres de loisirs, etc. J'avais renouvelé mon stock de sirops, et surtout de livres pour enfants. Le grand jour était arrivé. Lorsque j'avais vu s'avancer sur la pointe des pieds les premières mamans accompagnées de leur progéniture, la clochette de la porte m'avait fait sursauter pour la première fois depuis des semaines ; je m'étais réfugiée derrière mon bar. Je m'étais contentée de les inviter à se diriger vers la petite salle du fond. J'avais demandé à Félix de superviser l'installation pendant que je sortais fumer. Comme je m'éternisais, il était venu me dire qu'on n'attendait plus que moi ; le rôle de l'animatrice de l'atelier m'était réservé. C'est en titubant que j'avais rejoint mon petit groupe. Lorsque j'avais commencé à lire *Chien bleu*, je n'avais pas reconnu ma voix.

Je compris que j'avais fait une grave erreur quand un petit garçon de trois ans s'approcha de moi. Mes yeux se posèrent sur lui, j'eus un mouvement de recul et fus saisie de tremblements. À cet instant, j'aurais voulu que ce soit Clara qui vienne vers moi, se hisse sur mes genoux pour voir le livre de plus près. J'aurais alors enfoui mon nez dans ses cheveux. Le livre me tomba des mains et j'appelai Félix à la rescousse. Il ne mit pas longtemps à se précipiter ; il était là, à me surveiller. Il prit la relève en faisant le clown, et je montai me barricader chez moi. Je passai la fin de la journée et la nuit qui suivit enroulée dans ma couette, à hurler dans l'oreiller, à pleurer, en appelant Clara.

Le lendemain, les livres furent réexpédiés chez les éditeurs. Cette crise m'avait fait prendre conscience d'une chose : je ne me remettrais jamais de la perte de ma fille. Je pouvais guérir de Colin, pas d'elle. De près ou de loin, aucun enfant n'entrerait plus dans ma vie ni aux *Gens*, je venais de le réaliser.

Malgré cet incident, une décision s'était imposée. J'avais pris rendez-vous à la banque pour faire le point sur l'assurance-vie de Colin. Il avait tout prévu pour que je ne manque de rien. Je refusais de dilapider davantage cet argent, il devait servir à quelque chose d'important, qui l'aurait rendu heureux. Il me fallait un projet à l'envergure de mon mari, il était tout trouvé : j'allais racheter *Les Gens* à mes parents.

Nous y étions, à ce grand jour : la conclusion de ces mois de bataille avec mes parents. L'événement de la journée ne m'empêcha pas de rendre visite à Colin et Clara. Je marchai la tête haute et souriante dans les allées du cimetière. Après avoir déposé ma brassée de roses blanches, je me contorsionnai pour m'agenouiller sans avoir l'air ridicule ; j'avais enfilé une robe noire – un peu trop stricte – et mis des talons, ce qui ne m'était pas arrivé depuis une éternité. Mes parents avaient dû me décrire au notaire comme une irresponsable dépressive, je voulais leur prouver le contraire.

— Mon amour, c'est le grand jour ! Ce soir, on sera chez nous. J'espère que tu es fier de moi, c'est pour vous deux que je fais ça. Et comme je ne fais pas les choses à moitié, après la signature, c'est fiesta avec Félix ! Quand je lui ai dit ça, j'ai cru qu'il allait pleurer de joie. La vie reprend son cours… c'est étrange… Je ne peux pas m'attarder, on m'attend pour des autographes ! Je vous aime, mes amours. Clara… maman… est là…

J'embrassai leur tombe et quittai le cimetière.

La lecture de l'acte chez le notaire se fit dans le calme et le silence. Le grand moment était arrivé : la signature. Je dus m'y reprendre à deux reprises, tant je tremblais. Les émotions prenaient le dessus, j'avais réussi, je ne pensais qu'à Colin et à celle que j'étais devenue. En regagnant ma place, quelques larmes envahirent mes yeux. Je croisai le regard de ma mère, vide. Puis le notaire me tendit une feuille qui attestait mon titre de propriété. Titre de propriété où il était écrit noir sur blanc que j'étais veuve, sans enfant. Il nous invita poliment à quitter les lieux. Une fois sur le trottoir, je me tournai vers mes parents, en quête de quelque chose, sans savoir quoi, en réalité.

— Nous ne pensions pas que tu irais jusqu'au bout, me dit mon père. Pour une fois, ne gâche pas tout.

— Ce n'est pas dans mes intentions.

Je fis face à ma mère. Elle s'approcha de moi et m'embrassa avec plus de chaleur que d'habitude.

— Je n'ai jamais su être la mère qu'il te fallait, me glissa-t-elle à l'oreille.

— J'en suis triste.

— Moi, j'en suis désolée.

Nous nous regardâmes dans les yeux toutes les deux. J'eus envie de lui demander « Pourquoi ? ». Je compris à son expression qu'elle ne pourrait pas encaisser mes questions, mes reproches. La carapace de ma mère se fendillait, comme si enfin elle pouvait être dotée de remords. Mais n'était-il pas trop tard ? Mon père la prit par le bras et lui dit qu'il était l'heure. En guise d'encouragement, j'eus droit à un « à bientôt ». Ils partirent d'un côté de la rue, moi de l'autre. Je chaussai mes lunettes de soleil et pris la direction de MES *Gens heureux lisent et boivent du café*. Je descendis le boulevard de Sébastopol pour rejoindre la rue de Rivoli. Je ne coupai pas par les petites rues, les grandes artères m'appelaient, je voulais passer à l'Hôtel de Ville, me faire bousculer le long du BHV. Quand, enfin, je pris la rue Vieille-du-Temple sur ma gauche, il ne me restait qu'une centaine de mètres avant d'être chez moi. Au moment où la clochette retentit, je me dis que Félix devait avoir des indics sur le chemin, car il fit péter le champagne à l'instant où je franchissais le seuil. Champagne qui gicla sur le bar. Sans prendre la peine de m'en verser dans une flûte, il me tendit la bouteille.

— Tu es une killeuse !

Je bus au goulot. Les bulles excitèrent mes papilles.

— Putain ! Quand je pense que tu es ma patronne, maintenant !

— C'est la classe !

— Je préfère ça à ton père, me dit-il en attrapant la bouteille.

— Félix, tu seras toujours l'associé de mon cœur.

Il m'écrasa contre lui et but une grande rasade à son tour.

— Il pique, la vache ! me dit-il en me lâchant, les yeux brillants.

— Fais-moi renouer avec les joies de la fête !

Je ne pris pas le temps de monter me changer chez moi. Je nettoyai le champagne sur le comptoir et fermai. Félix m'entraîna dans une tournée des bars. Connu comme le loup blanc, il arrivait dans chaque endroit en grand seigneur, les cocktails avaient été choisis à l'avance, mon meilleur ami avait concocté cette soirée avec application. Tous ses amants et prétendants se tassaient pour me faire de la place ; si Félix m'aimait, ils devaient prendre soin de moi. Notre parcours fut jalonné de rencontres farfelues, de tapis rouges, de paillettes, de fleurs piquées dans mes cheveux, tout pour faire de moi une princesse le temps d'une soirée. L'ambiance folle organisée par Félix me grisait peut-être davantage que tout l'alcool qu'on me servait.

Le temps d'une pause-dîner arriva. En fait de dîner, nous nous arrêtâmes dans un bar à tapas, ce qui n'allait certainement pas permettre d'éponger tout ce que nous avions ingurgité. Notre place au comptoir était réservée. Félix savait parfaitement que j'aimais être hissée sur les tabourets et voir ce qui se passait en coulisse. Une bouteille de vin rouge décantait pour nous. Félix leva son verre.

— À tes parents qui ne te feront plus chier !

Sans lui répondre, je dégustai la première gorgée, le vin était fort, puissant, à l'image de ce que je vivais à cet instant.

— Je n'ai plus de famille, Félix…

Il ne trouva rien à me répondre.

— Tu te rends compte ? Plus rien ne me relie à mes parents, je n'ai ni frère ni sœur. Colin et Clara sont partis. Tu es tout ce qu'il me reste. Tu es ma famille.

— Depuis notre rencontre à la fac, on a toujours formé une paire, ça ne changera jamais.

— On a tout fait ensemble !

— Sauf coucher !

Vision d'horreur pour nous deux ! Il se mit un doigt dans la bouche pour vomir, j'en fis autant. Deux ados !

— Par contre, si tu changes d'avis pour les gosses et que tu ne trouves pas le bon mec, je peux jouer à la banque du sperme. Je lui apprendrai la vie, au gamin.

Je recrachai ma gorgée de vin, il éclata de rire.

— Comment peux-tu sortir une aberration pareille ?

— On tombait dans le sentimental, ça m'emmerdait.

— Tu as raison ! Je veux danser, Félix.

— Tes désirs sont des ordres.

Nous grillâmes toute la file d'attente en arrivant en boîte : Félix avait ses entrées. Il embrassa à pleine bouche le videur, sous mes yeux choqués et prudes. La dernière fois où je l'avais vu dans cet état remontait à mon enterrement de vie de jeune fille ! Dans le carré VIP nous attendait un magnum de champagne. Après avoir sifflé deux flûtes, je me lançai sur la piste. Je me déhanchai, les yeux fermés ; je me sentais vivante, rajeunie de dix ans, lavée de mes chagrins et autorisée à profiter de la vie.

— J'ai négocié pour toi, me glissa Félix à l'oreille. Profites-en, elle ne tournera pas en boucle.

Grâce à deux paires de bras, je m'envolai jusqu'à un

podium. La ligne de basse et la batterie me mirent en transe. L'espace de quelques minutes, j'étais la reine de la soirée avec *Panic Station* de Muse. Depuis des semaines, j'écoutais ce morceau en boucle, au point que Félix n'en pouvait plus. Il m'avait même surprise en train de faire le ménage aux *Gens* avec cette chanson dans les oreilles. J'avais mon public, je lui fis reprendre le refrain : « *Ooo, 1, 2, 3, 4 fire's in your eyes. And this chaos, it defies imagination. Ooo, 5, 6, 7 minus 9 lives. You've arrived at panic station* ».

Vers 4 heures du matin, d'un commun accord, nous décidâmes de regagner nos pénates. Le retour fut laborieux, et dérangeant pour tous ceux qui dormaient. Je bloquais toujours sur ma chanson en braillant, Félix assurait les chœurs, une bouteille de champagne planquée sous le blouson. Il me raccompagna jusqu'à la porte de l'immeuble des *Gens*. Il jeta un coup d'œil à la devanture.

— Les gens heureux prennent leur vie en main ! Te voilà chez toi !

— C'est énorme !

— Tu vas réussir à monter ?

— Yes !

On se fit un gros câlin.

— Bonne nuit, ma famille, lui dis-je.

— On recommencera ?

— Hors de question !

Je le lâchai et ouvris la porte.

— Au fait, on est fermés demain matin, dors.

— Merci, patronne !

Il partit guilleret, comme requinqué par la nouvelle

de la grasse matinée. Ce qu'il ne savait pas, c'est que je comptais bien ouvrir à l'heure.

Le réveil fut atroce. Les yeux mi-clos, j'inspectai mon armoire à pharmacie et avalai un gramme de paracétamol, avant mon premier café du matin. Inconcevable en temps ordinaire pour moi. Je pris une douche froide pour m'éclaircir les idées. Au moment d'enfiler mes chaussures, je me dis que ma plus grosse erreur de la veille n'était pas d'avoir fait la fête avec Félix, mais bien d'avoir gardé mes talons toute la nuit. J'allais donc travailler en tongs au mois d'avril !

Comme chaque matin, je fis un crochet par la boulangerie pour acheter mon croissant et mon pain au chocolat quotidiens. Ensuite, j'ouvris *Les Gens* et n'en fermai pas la porte. Le petit air frais matinal m'aiderait à garder les yeux ouverts – tant pis pour mes pieds congelés. Je mis en marche le percolateur et me préparai une triple dose de café. Mes clients de l'ouverture arrivèrent tranquillement et prirent le temps de se réveiller avec moi, en feuilletant *Le Parisien*. Cette première vague passée, je remis en ordre ce qui en avait besoin en faisant le point sur mes stocks, vérifiai les comptes, comme je le faisais depuis près de un an, et parcourus en diagonale les dernières nouveautés littéraires. Je savais que j'aurais la paix un bon moment, car la grasse matinée de Félix allait déborder sur l'après-midi. Qu'il en profite ! Rien n'avait changé, et pourtant tout était différent. Je ressortais grandie et stabilisée de cette bataille avec mes parents. Je ne leur devais plus rien. Et la vie, ma vie, ne s'arrêtait pas à eux, même si j'en gardais une certaine amertume.

– 3 –

En cette fin de journée ensoleillée, adossée à la devanture, je fumais une cigarette sur le trottoir quand un client pointa le bout de son nez. Je lui jetai un coup d'œil – il ne me disait rien, Félix pouvait se charger de l'accueillir. Lorsque je retournai à mon poste, mon associé bayait aux corneilles derrière le comptoir et le client semblait désemparé face aux livres et à leur classement fantaisiste. Je m'avançai vers lui.

— Bonjour, je peux vous aider ?

Il se tourna vers moi et marqua un temps d'arrêt. J'esquissai un vague sourire.

— Euh… bonjour… je crois que j'ai trouvé ce qu'il me fallait, m'annonça-t-il en prenant un bouquin au hasard. Mais…

— Oui ?

— Vous servez encore ?

— Bien sûr !

— Je vais prendre une bière.

Il s'installa au bar, me regarda servir son demi et me lança un petit sourire en guise de remerciement. Il se mit à pianoter sur son téléphone. Discrètement, je l'observai. Cet homme dégageait quelque chose de rassurant. Il avait du charme, mais je n'arrivais pas à savoir si je me serais retournée ou non sur lui dans la rue. Le raclement de gorge de Félix me ramena à la réalité. Le sourire en coin qu'il affichait m'agaça.

— Quoi ?

— Je peux te laisser fermer ? Je suis attendu…

— Pas de problème, mais n'oublie pas : demain, c'est jour de livraison, et je n'ai pas envie, encore une fois, de me casser le dos.

— Quelle heure ?

— 9 heures.

— Compte sur moi.

Il attrapa sa veste, claqua un baiser sur ma joue et partit. Quelques minutes plus tard, mon client reçut un appel téléphonique, qui sembla le contrarier. Tout en poursuivant sa conversation, il finit sa bière, se leva, et m'interrogea du regard pour savoir combien il me devait. Il me paya, et dit à son interlocuteur de ne pas quitter. Il mit la main devant le micro de son portable et s'adressa à moi :

— Bonne soirée… c'est un bel endroit que vous avez là.

— Merci.

Il tourna les talons, la clochette de la porte tinta lorsqu'il sortit, ça me fit sourire. Je secouai la tête et décidai de fermer avec un peu d'avance.

Évidemment, je me retrouvai toute seule à réceptionner les livraisons le lendemain matin. Pour évacuer ma colère, je téléphonai à Félix. Répondeur direct : « Tu fais chier, Félix ! Je vais encore tout me taper toute seule ! »

Je suppliai le livreur de m'aider à porter les cartons

dans le café, en vain. Les épaules tombantes, je fixai le camion tandis qu'il quittait la rue. Je remontai mes manches et pris le premier colis – le plus petit – quand on m'apostropha :

— Attendez ! Je vais vous aider !

Le client de la veille ne me laissa pas le temps de réagir ; il saisit mon fardeau.

— Qu'est-ce que vous faites là ? lui demandai-je.

— J'habite le quartier. Je pose ça où ?

Je le guidai jusqu'au cagibi qui faisait office de réserve en poursuivant mon interrogatoire :

— Je ne vous ai jamais vu dans le coin avant.

— C'est normal, j'ai emménagé il y a trois semaines. Je vous ai remarquée… dès le premier jour, euh… enfin, votre café… bref, je n'ai trouvé le temps qu'hier de venir voir de plus près. Bon… je mets tous les autres ici aussi ?

— Non, laissez, je vais me débrouiller toute seule. Ne vous mettez pas en retard.

— Et puis quoi encore ? me répondit-il avec un grand sourire avant de retirer son blouson et de s'emparer du carton suivant.

Il fut d'une efficacité redoutable ; en dix minutes, tout était rangé.

— C'est fait ! Vous voyez, ça n'a pas été long.

— Merci… vous avez encore un petit moment ?

— Oui, me répondit-il sans vérifier l'heure.

— Je vous confie la boutique deux minutes.

Je partis en courant à la boulangerie et achetai un peu plus que ma ration quotidienne. Le fameux client n'avait pas bougé lorsque je revins aux *Gens*.

— Un petit déjeuner pour le dédommagement, ça vous va ?

— Si vous m'appelez par mon prénom et qu'on se tutoie !

Je ris et lui tendis la main.

— Diane.

— Olivier, enchanté…

— Je te dois une fière chandelle. À table !

Je passai derrière le comptoir et pris conscience de mon sourire démesuré. Olivier s'installa sur un tabouret.

— Café ?

— Il paraît que ça rend heureux…

— Ça marche avec le thé aussi, tu sais.

— Non, café, c'est parfait.

Notre petit déjeuner se prolongea, il fut question du quartier, de la pluie, du beau temps… c'était bien. Olivier était vraiment charmant, et plus qu'agréable à regarder avec ses yeux bruns rieurs et ses fossettes. Je venais d'apprendre qu'il était kiné quand il consulta sa montre.

— Merde ! Mon premier rendez-vous.

— Oh… je suis désolée, c'est ma faute.

— Non, la mienne, on est bien chez toi. Je vais revenir souvent, je crois.

— La porte te sera toujours ouverte… Allez ! File !

Il partit en courant.

Moins de cinq minutes plus tard, Félix se pointa avec un sourire débile aux lèvres.

— Quel feignant ! Tu arrives après la bataille !

— Tu t'es requinquée après la bataille, à ce que je vois ! Et puis, de ce que je sais, ce n'est pas toi qui as sué.

J'écarquillai les yeux comme des billes et ma bouche s'ouvrit en grand.

— Comment… comment… comment tu…

— Le café d'en face, c'est de la pisse, mais le point de vue sur la parade amoureuse était parfait !

— Tu avais prémédité ton coup.

— Ça sautait aux yeux, hier. Ce type en pince pour toi, il rôde autour des *Gens* depuis plusieurs jours. J'ai fait un test ce matin. C'est un mec bien, je comprends qu'il te plaise.

— Mais… pas du tout…

— Elle est amoureuse et stupide, c'est mignon tout plein.

Première calotte de la journée.

— Il est sympa, il n'y a rien de plus que ça. Fiche-moi la paix. Et puis… il ne remettra peut-être plus les pieds ici.

— À d'autres !

Le soir même, je me surpris à surveiller les allées et venues dans la rue. Je fermai sans avoir revu Olivier. Je refusai de m'avouer déçue. Cependant, je profitai de cet état fébrile : je me sentais perchée, je planais, émerveillée de retrouver cette légèreté dans mon quotidien. C'était véritablement la première fois depuis Colin que je renouais avec ces sensations. Première fois qu'un homme me touchait par sa présence et suscitait mon intérêt.

Deux jours plus tard, Olivier me trottait toujours dans la tête. Je retournais l'ardoise de la porte à l'heure de la fermeture lorsqu'il arriva en courant. Il appuya ses mains sur ses genoux en reprenant sa respiration. J'ouvris la porte.

— J'ai réussi ! me dit-il.

— C'est fermé !

— Je sais, mais tu es encore là. Je t'ai déjà ratée deux soirs de suite, il fallait que j'y arrive aujourd'hui.

— Que veux-tu ?

— Aller boire un verre avec toi. Tu passes tes soirées à regarder les autres se détendre après leur journée de boulot. Tu y as droit aussi…

Il dut remarquer ma sidération.

— … à moins que quelqu'un ne t'attende… excuse-moi, j'aurais dû y penser… Bon… bah… j'y vais…

Il était déjà en train de faire demi-tour. Je le rattrapai dans la rue. Je ne voulais pas qu'il s'en aille. Le voir me rendait heureuse, c'était une évidence.

— Personne ne m'attend.

— C'est vrai ?

— Si je te le dis !

Nous remontâmes toute la rue Vieille-du-Temple pour rejoindre la rue de Bretagne. Rapidement, nous trouvâmes une place en terrasse. Olivier me posa beaucoup de questions sur *Les Gens*, je restai évasive sur les origines du café. Il chercha aussi à savoir qui était Félix, et ce qu'il représentait pour moi. À son expression, je compris que l'homosexualité de mon complice le rassurait beaucoup. J'appris qu'il avait trente-sept ans, qu'il avait longtemps exercé en Belgique où il avait fait ses études, avant de revenir à Paris un peu plus de cinq ans auparavant. « L'appel des racines », m'expliqua-t-il. Je voyais approcher le moment où j'allais devoir lui parler de moi plus en profondeur. C'est là que je décidai d'abréger notre soirée : je n'étais pas sûre qu'il soit prêt à entendre qui j'étais réellement et ce que j'avais vécu. Je me sentais bien avec lui, et je paniquai à l'idée de le faire fuir avec mes casseroles. Pour autant, s'il devait se passer quelque chose entre nous, je ne pouvais pas lui cacher mon passé. C'était inenvisageable. Un vrai casse-tête chinois.

— Olivier, je te remercie pour le verre, mais je vais rentrer, maintenant. J'ai passé un très bon moment avec toi.

— Le plaisir était plus que partagé. Tu habites où ? Je peux te raccompagner ?

— Je vis au-dessus des *Gens*, c'est gentil, mais tu n'as pas besoin de me ramener à bon port, je devrais m'en sortir.

— Tu m'autorises à faire un petit bout de trajet avec toi ?

— Si tu y tiens…

Nous prîmes le chemin du retour. J'étais mal à l'aise, je n'arrivais plus à lui parler, je fuyais son regard. La gêne s'installa. Notre balade dura cinq minutes avant qu'Olivier décide de s'arrêter.

— Je vais te laisser là…

Je lui fis face. Il trouvait le moyen de me sourire encore, alors que j'étais mutique depuis plusieurs minutes.

— Je peux toujours venir te voir aux *Gens* ? me demanda-t-il.

— Quand tu veux… à bientôt.

Je fis deux pas en arrière sans le quitter des yeux, avant de lui tourner le dos et de prendre la direction de mon appartement. Au passage piéton entre la rue Vieille-du-Temple et la rue des Quatre-Fils, je jetai un coup d'œil par-dessus mon épaule : Olivier n'avait pas bougé et m'envoya un signe de la main. Je soupirai en souriant et poursuivis mon chemin. Je ne savais plus quoi faire… Je me couchai directement en arrivant chez moi. Le sommeil mit longtemps à venir.

S'il la remarqua, Félix ne releva pas ma nervosité les jours suivants. Je vaquais à mes occupations normalement, pourtant, je n'arrêtais pas de ruminer au sujet d'Olivier et d'une future relation amoureuse. Comment lui parler de ma situation sans le faire fuir ? C'était une chose d'avoir envie de vivre une histoire et de me sentir prête, c'en était une autre de ne pas faire peur avec mon passé, ma fragilité, les conséquences sur ma vie de femme.

Samedi soir, calme. Le temps avait été radieux toute la journée, et les clients avaient déserté ma salle au profit des terrasses. Je les comprenais, j'aurais fait pareil. On allait fermer tôt. J'étais derrière le bar, et Félix gobait la lune sur un tabouret.

— Qu'as-tu de prévu ce soir ? lui demandai-je alors que je nous servais un verre de vin rouge.

— Je n'arrive pas à me décider, on me réclame partout et je ne sais pas à qui je vais accorder cette faveur.

Heureusement qu'il était là : il trouvait toujours le moyen de me faire rire.

— Et toi ? poursuivit-il après avoir trinqué.

— Oh, j'ai rendez-vous avec *Le Plus Grand Cabaret*.

— Tu n'as pas eu de nouvelles de ton admirateur ?

— Non, j'aurais dû m'en douter. De toute façon, il prendra ses jambes à son cou quand il saura pour Colin et Clara… et le reste…

— Le reste ? Cette histoire d'enfant ? C'est ridicule, un jour ou l'autre, ça te travaillera.

Rien qu'à l'idée, je fus prise de tremblements.

— Non, je ne crois pas.

— Diane, tu vas trop vite en besogne. Personne ne te demande de te remarier ou de fonder une famille pour l'instant. Tu rencontres quelqu'un, tu passes du bon temps avec lui et tu laisses les choses se faire.

— De toute manière, c'est tombé à l'eau.

— Pas si sûr, regarde qui arrive…

Je découvris Olivier, qui s'apprêtait à ouvrir la porte. Mon cœur battit la chamade.

— Salut, nous dit-il simplement en entrant.

— Salut, Olivier, lança joyeusement Félix. Installe-toi !

Félix tapota le tabouret à côté de lui, l'invitant à s'asseoir. Olivier avança prudemment en quémandant mon autorisation du regard.

— Tu bois la même chose que nous ? lui proposai-je.

— Pourquoi pas !

Félix se chargea de la conversation en assaillant Olivier de questions sur sa vie, son travail. Celui-ci se prêtait de bonne grâce à cet interrogatoire. Sous couvert d'humour, mon meilleur ami se renseignait sur la solidité de cet homme ; je le connaissais assez pour savoir que, même s'il eût vendu père et mère pour que je trouve quelqu'un, cela le terrifiait. De mon côté, je n'intervenais pas dans leur discussion ; j'en étais incapable. Du coup, je refis toute la vaisselle. Je nettoyai chaque verre, chaque tasse qui traînait plusieurs fois de suite. Je fuyais le regard d'Olivier dès qu'il tentait d'accrocher le mien. Quand force me fut de constater que je n'avais plus rien à laver, rincer, astiquer… j'attrapai mon paquet de cigarettes sous le bar et sortis prendre l'air.

J'en étais à ma seconde clope consécutive lorsque j'entendis la clochette : Félix.

— Ça y est, le roi a fait son choix, je sais où je vais m'encanailler.

— Non… s'il te plaît… tu ne peux pas me laisser toute seule avec lui.

— Son seul défaut, c'est qu'il ne fume pas. C'est vraiment un mec bien. Ça se sent. Ne te prends pas la tête. Parle-lui. Lance-toi. Profite un peu de la vie !

Il me fit une bise.

— Il t'attend.

Félix partit, guilleret comme un pinson. Je soupirai profondément avant d'entrer aux *Gens*.

— Eh…, me salua Olivier.

— Eh…

— Un dîner en tête à tête, ça te dirait ?

Je retournai derrière mon bar et avalai une gorgée de vin. Olivier ne me quittait pas des yeux.

— On peut rester ici ? lui proposai-je. Je ferme, et le bar est à nous pour la soirée.

— Si tu me laisses m'occuper du dîner ?

— D'accord !

Il sauta de son tabouret, se dirigea vers la porte, mais se ravisa et se tourna vers moi.

— Tu seras encore là quand je reviendrai ? Tu ne vas pas t'enfuir ?

— Fais-moi confiance.

Il m'offrit un grand sourire et sortit.

Pour tuer le temps avant son retour, j'éteignis les lumières de la vitrine et retournai l'ardoise sur la porte – j'étais fermée –, je changeai la musique, mis le dernier album d'Angus & Julia Stone, et allai m'enfermer dans les toilettes. J'avais une tête affreuse ; j'étais à la bourre ce matin-là, je n'avais pas pris le temps de me maquiller, et mon parfum n'était pas de la plus grande fraîcheur. Le problème : je ne voulais pas prendre le risque qu'Olivier trouve porte close en revenant, je n'avais pas le temps de remonter chez moi. Mon téléphone vibra dans ma poche. SMS de Félix : « pour te ravaler la façade, va fouiner derrière le panneau photos à côté de la caisse ». À croire qu'il avait mis une caméra de surveillance dans les toilettes, de sa part, tout était possible ! Effectivement, Félix avait préparé dans mon dos une trousse de maquillage, avec une brosse à cheveux et un échantillon de mon parfum.

Je venais de mettre le couvert sur le bar quand Olivier revint les bras chargés.

— Tu as invité des potes à nous rejoindre ?

— Je ne savais pas quoi choisir, me répondit-il en déposant les différents sacs sur le comptoir. Alors j'ai pris un peu de tout. Je suis passé chez le traiteur grec, à la charcuterie italienne, chez le fromager… et puis, pour le dessert, j'ai pris des gâteaux au chocolat, mais je me suis dit que tu préférais peut-être les fruits alors il y a des tartes…

— Tu n'avais pas besoin de faire tout ça.

— J'aime bien m'occuper de toi.

— Tu crois que j'ai besoin qu'on s'occupe de moi ?

Il fronça les sourcils.

— Non… tu m'attires et ça me fait plaisir…

Je regardai mes pieds, les jambes flageolantes.

— Je ne suis pas chez moi, mais on s'installe ?

Il avait l'art et la manière de me mettre à l'aise et de faire baisser la tension inhérente à ce rendez-vous improvisé.

Je perdis la notion du temps. Je n'avais pas souvenir d'avoir passé une soirée aussi agréable depuis des années. Olivier me faisait rire en me racontant des anecdotes sur ses coincés du dos imaginaires. Je découvrais un homme sans problème existentiel, spontané, qui attendait de la vie des choses simples pour le rendre heureux. Il me fit comprendre qu'il voulait en savoir un peu plus sur moi.

— Tu es toujours un peu sur la réserve… Je me demande à quoi c'est dû… Je ne te fais pas peur, au moins ?

— Non, lui répondis-je en souriant. C'est juste que ça fait longtemps que je ne me suis pas retrouvée dans cette situation…

— Tu as vécu une rupture douloureuse ? Pardon, je suis peut-être un peu brusque…

— Non… c'est un peu plus compliqué que ça… et ce n'est pas évident à expliquer…

— Ne te force pas à me raconter…

— Si, c'est important… tu ne voudras peut-être plus me voir après…

— À moins que tu ne m'annonces que tu es une meurtrière…

— Je te rassure, je n'ai tué personne ! lui répondis-je en riant.

Mes yeux papillonnèrent de droite à gauche, je soufflai un grand coup avant de me lancer :

— En fait, Olivier… j'ai perdu mon mari et ma fille dans un accident de voiture, il y a trois ans…

— Diane… je suis…

— Ne dis rien, ça va, aujourd'hui. Mais je n'ai eu personne dans ma vie depuis… et je dois dire que… c'est la première fois que je passe un vrai bon moment avec un homme. Je comprendrais que ça te fasse peur…

Je piquai du nez. J'entrevis Olivier se baisser et chercher à accrocher mon regard par en dessous. J'eus un petit rire. Il n'était devenu ni distant ni fermé, il était resté le même.

— Un remontant, ça te dit ?

— Oui.

— Je peux passer derrière le bar pour ouvrir une nouvelle bouteille ?

Je hochai la tête et le suivis du regard.

— C'est un rêve d'ado, tu comprends ? ajouta-t-il en riant.

— Je t'en prie, fais-toi plaisir !

Il trouva la bouteille et le tire-bouchon, et nous servit. La concentration qu'il mettait dans l'exécution de sa tâche me toucha et me détendit.

— Ça te va bien. Je pourrais t'embaucher.

— Je ne fais que les extras, me répondit-il avec un clin d'œil.

Il s'apprêtait à me rejoindre quand il remarqua le cadre avec toutes les photos de famille. Il m'interrogea du regard.

— Je peux ?

— Vas-y.

Il se saisit du cadre et l'étudia de plus près.

— Félix avait l'air proche de ta fille.

— C'est son parrain… ça t'ennuie si je fume une clope ?

— Tu es chez toi. Tu ne veux peut-être pas en parler ?

— Si tu as des questions…, lui répondis-je en allumant ma cigarette.

Il reposa le panneau à sa place et me rejoignit.

— Tu as fait quoi ces trois dernières années ? Je veux dire… pour t'en sortir… parce que personne ne peut imaginer ce que tu as traversé.

J'inspirai profondément, pris le temps de finir et d'écraser ma cigarette avant de lui répondre :

— Je suis restée un an enfermée chez nous… Si je suis encore en vie, c'est à Félix que je le dois. Il me secouait tellement que j'ai décidé de partir… J'ai vécu une petite année en Irlande, dans un village paumé, avec la mer à quelques mètres de chez moi…

— C'était comment ?

— Humide, mais ça m'a remuée. C'est beau, c'est très, très beau, tu sais… Les paysages sont grandioses, c'est un pays qui vaut le détour…

Je luttais contre les souvenirs, je refusais de me laisser envahir par mes fantômes irlandais.

— J'ai fini par rentrer au bercail, et je tiens bon depuis. Je n'ai plus envie de mourir… Je veux vivre, mais une vie tranquille, à Paris, aux *Gens*. Voilà…

Je lui fis un petit sourire.

— Merci de m'avoir confié ça. Je ne t'en demanderai pas plus.

Il écarta délicatement une mèche de cheveux de mon front en me souriant. Je frissonnai.

— Je vais t'aider à ranger avant de te laisser aller au lit.

Il se leva et repassa derrière le bar où il se lança dans

la vaisselle. Je le rejoignis et essuyai les assiettes qu'il me tendit. Nous écoutions *No Surprises* qui tournait en boucle, nous ne parlions pas. Dans l'espace réduit où nous étions, nous n'avions d'autre choix que de nous frôler, épaule contre épaule, j'aimais ça. Quand tout fut propre et rangé, Olivier alla enfiler son blouson.

— Tu remontes chez toi par l'intérieur ? me demanda-t-il.

— Oui.

— Enferme-toi bien.

Je le raccompagnai à la porte, nous nous fîmes face.

— Diane, je ne te bousculerai pas, je te laisserai prendre le temps de venir vers moi si tu en as envie… Je vais t'attendre, longtemps s'il le faut…

Il s'approcha de moi, et me dit à l'oreille : « Je n'ai pas peur. »

Puis il embrassa ma joue. Ce ne furent pas les deux bises amicales sans signification – que nous n'avions d'ailleurs jamais échangées. Non, c'étaient simplement ses lèvres sur ma joue, et c'était la preuve de sa promesse et de sa délicatesse.

— Bonne nuit.

— Merci, réussis-je à lui murmurer.

Il sortit et attendit que j'aie tout fermé à clé pour s'éloigner. C'est groggy, et comme dans du coton, que je montai chez moi et me couchai. Venais-je de rencontrer cet homme qui mettrait de la joie dans ma vie ? Saurais-je me laisser aller ?

– 4 –

Les deux semaines suivantes, Olivier passa presque chaque jour me rendre visite. Parfois, uniquement pour me dire bonjour ; sinon, il s'arrêtait prendre un café ou un verre le soir en sortant du travail. Plus jamais il ne m'invita à sortir, ni ne s'approcha physiquement de moi. Il me laissait m'habituer à sa présence, il m'apprivoisait, et ça fonctionnait : je scrutais de plus en plus fébrilement la rue, guettant sa venue, j'étais déçue lorsqu'il partait et, le soir, en me couchant, je pensais encore à lui. Pourtant, je n'arrivais pas à franchir le pas, à lui faire partager mes sentiments. L'idée de l'avenir me terrorisait.

Il avait passé sa pause-déjeuner aux *Gens* et venait de partir lorsque Félix m'agressa sans que je le voie venir :

— Tu joues à quoi ?

— Hein ?

— Il commence à me faire pitié ce pauvre garçon. Tu le fais mariner alors que tu le regardes avec des yeux de merlan frit. Je le vois bien, tu passes ta journée à te languir de lui, tu bégaies quand il arrive… Qu'est-ce que tu attends pour lui sauter dessus ?

— Je n’en sais rien…

— C’est à cause de Colin ? Je croyais que tu avais dépassé ça.

— Non, ce n’est pas Colin. Pour être honnête avec toi, je pense plus à Olivier qu’à lui.

— C’est bon signe.

— Oui… mais…

— La gentillesse et la patience ont leurs limites. Donne-lui un peu d’espoir, sinon…

— Fous-moi la paix, lui répondis-je, exaspérée par les vérités qu’il m’assénait.

Le soir même, Félix me fit les gros yeux quand Olivier repassa. Ce dernier s’approcha de moi, avec un sourire timide.

— Tu es libre demain soir ?

— Euh… oui…

— En fait, j’ai invité quelques amis qui me pressaient de pendre la crémaillère. J’aimerais bien que tu sois là. D’ailleurs, Félix, si tu veux venir, joins-toi à nous.

— On sera là, répondis-je, sans laisser le temps à Félix d’en placer une.

— Je te laisse travailler. À demain soir, alors !

Il salua Félix. En fermant la porte derrière lui, il me regarda à travers la vitre, je lui souris.

— Bah, ce n’était pas si compliqué que ça !

— Ne me fous pas la honte demain soir, dis-je à Félix.

Il pouffa.

En sonnant chez Olivier le lendemain, j'étais heureuse, absolument pas stressée. Au contraire, j'étais impatiente de le voir. J'avais décidé de reléguer au second plan mes doutes, mes angoisses. Quand Olivier nous ouvrit la porte, Félix, moins discret qu'un éléphant dans un magasin de porcelaine, nous laissa en plan en gloussant comme une adolescente.

— Il va assurer l'animation de ta soirée, tu sais ? annonçai-je à Olivier.

— Qu'il se fasse plaisir !

Nous nous regardions dans les yeux.

— Merci de m'avoir invitée ce soir, je suis heureuse d'être avec toi.

Et, sans réfléchir, je déposai un baiser sur sa joue.

— Tu me présentes ?

Olivier n'eut pas besoin de faire les présentations, tous ses amis avaient entendu parler de moi. Il fit celui qui était gêné pour la forme, car il m'envoya un clin d'œil. Leur accueil me toucha, ils faisaient tout pour que je me sente des leurs. Félix prit très vite ses aises, parlant avec tout le monde et enchaînant les blagues. Olivier me servit un verre de vin blanc, et s'excusa de ne pas pouvoir rester avec moi.

— J'ai encore à faire en cuisine.

Je découvris son intérieur ; rien à voir avec un appartement de vieux garçon. Bien au contraire, il était installé. Ce n'était ni le bordel, ni le minimalisme à outrance. C'était chaleureux : le canapé en tissu donnait envie de s'y lover, les plantes vertes et les photos de famille et de copains rendaient l'ensemble vivant et accueillant. Tout à l'image d'Olivier : rassurant.

Je riais, je discutais avec des personnes de mon âge, sympathiques, j'avais le sentiment d'être redevenue une femme comme les autres. Je n'étais pas pendue aux basques de Félix, je ne me sentais pas en danger. À demi-mot, je rassurai les curieux : « Oui, Olivier me plaît ! Ce n'est qu'une question de temps. » C'était un groupe d'amis soudés, pour lesquels le bonheur des uns et des autres représentait un véritable intérêt. Personne ne m'interrogea sur ma vie privée, Olivier avait été discret. Ma bonne humeur s'écroula comme un château de cartes au moment où une femme sortit d'une pièce – que je supposais être la chambre d'Olivier – avec un bébé de six mois dans les bras. Elle rayonnait de félicité et de fatigue maternelle. J'eus envie de m'enfuir en courant, en criant ; je me mis à l'écart, espérant qu'elle ne me voie pas. Bien entendu, elle me repéra dans la seconde et s'approcha de moi, un grand sourire aux lèvres.

— Diane, c'est ça ? Je suis ravie de faire ta connaissance, Olivier nous parle tellement de toi.

Elle me fit la bise, l'odeur de Mustela me sauta au nez et me renvoya à la naissance de Clara. J'avais toujours aimé les bébés et leur odeur – Colin me disait souvent : « Tu sniffes ta fille ! » À l'époque de leur départ, nous songions à en fabriquer un second pour offrir à Clara un petit frère ou une petite sœur…

— Et je te présente la prunelle de mes yeux, reprit-elle en désignant son bébé. Je lui donnais le biberon quand tu es… Oh, mince, j'ai oublié son doudou dans la chambre d'Olivier ! Je peux te la laisser deux secondes ?

Sans attendre ma réponse, elle me mit sa fille dans les bras. Ma tête fut broyée dans un étau, mon sang se glaça. Je ne voyais plus cette petite fille, je me voyais moi, avec MA Clara dans les bras. Je sentais sa peau, sa minuscule main accrochée à mon doigt, je distinguais ses premières boucles blondes. À travers les gazouillis de ce bébé, j'entendis le hurlement silencieux dans mon crâne. Ma respiration s'accéléra. Je tremblais si fort que j'allais la faire tomber si je la tenais une seconde de plus. J'eus peur que ma douleur ne lui fasse mal.

— Diane… Diane…

Je levai mes yeux embués de larmes vers Olivier, qui m'appelait doucement.

— Je vais la prendre, d'accord ?

Je hochai la tête. Tétanisée, j'observai Olivier s'occuper de cette enfant comme s'il avait toujours fait ça. Il la prit contre lui, lui parla et la tendit à celui que je devinai être son père. Puis il revint vers moi, et me prit par la taille.

— J'ai besoin de Diane en cuisine ! dit-il à la volée.

Avant de quitter la pièce, je croisai le regard désolé de Félix. Mon ami était blanc comme neige. Olivier nous enferma dans sa petite cuisine, ouvrit la fenêtre, sortit un cendrier d'un placard et me tendit mon paquet de cigarettes, qu'il avait dû attraper sur le chemin sans que je m'en rende compte. J'en allumai une en tremblant, et en pleurant. Olivier respecta mon silence.

— Je suis désolée, lui dis-je.

— Ne dis pas n'importe quoi, personne n'a rien remarqué. Quand bien même, ils n'ont rien à dire. Tu veux que j'aille chercher Félix ?

— Non…

Je reniflai, il me tendit un mouchoir.

— Je ne suis plus normale… Je ne peux pas… je ne peux plus voir des enfants, des bébés… ça fait trop mal. Parce que chaque fois ça me rappelle qu'on m'a pris ma fille, ma Clara, l'amour de ma vie… je n'accepterai jamais ça… je ne pourrai jamais oublier… passer à autre chose…

Je hoquetai. La crise de nerfs n'était pas loin. Olivier s'approcha de moi, essuya mes joues, et me prit contre lui. Je me sentis tout de suite mieux, j'étais en sécurité, je le sentais tendre et doux. Il ne profitait pas de la situation. Petit à petit, je retrouvai une respiration normale. J'étais en confiance avec lui, mais le voir avec ce bébé dans les bras confirmait ce que je craignais au fond de moi, et qui m'empêchait de me laisser aller avec lui.

— Je ne suis pas une femme pour toi…

— Quel est le rapport ? me demanda-t-il doucement.

Je me détachai de lui.

— Si ça marche entre nous…

Délicatement, il me reprit contre lui, je me laissai faire.

— Je n'ai aucun doute là-dessus ! m'annonça-t-il en caressant ma joue.

— Je ne pourrai jamais t'offrir d'enfant. Je n'en veux plus… La maman que j'étais est morte avec Clara.

— C'est ça qui te retient ?

— Un jour ou l'autre, tu voudras fonder une famille, je t'ai vu avec ce bébé, tu as adoré la prendre contre toi. Je m'en voudrais de te faire perdre ton temps, trouve une fille qui veut des…

— Chut !

Il posa un doigt sur ma bouche, et me regarda dans les yeux.

— J'aime les enfants, c'est vrai, mais je les aime surtout chez les autres. Ce n'est pas un but dans ma vie. Je suis convaincu qu'un couple peut se suffire à lui-même. C'est tout ce que j'attends d'une histoire entre nous, rien de plus, je te le promets. Les enfants, nous avons tout le temps pour y penser… Nous pourrions tenter l'aventure et faire un bout de route ensemble, finit-il avec un sourire.

La vie pouvait être plus douce avec un homme tel que lui comme compagnon. Ses bras étaient forts et protecteurs, son regard noisette doux et rieur à la fois, son visage expressif. Je n'avais plus qu'un pas à faire. J'approchai doucement mon visage du sien, et posai mes lèvres sur les siennes. Il resserra son étreinte, j'entrouvris la bouche, notre baiser se fit plus profond, je m'accrochai à son cou. Olivier finit par poser son front contre le mien. Il caressa ma joue, je fermai les yeux en souriant.

— Je donnerais n'importe quoi pour qu'ils disparaissent tous, à côté, me dit-il tout bas.

— Et moi, donc !

— Si c'est trop dur, je te raccompagne chez toi.

— Non, je veux rester.

— Compte sur moi pour ne pas te laisser une seule seconde.

Nous échangeâmes un nouveau baiser, long, intense. Pourtant, il fallut nous contenir. Nous nous séparâmes de quelques centimètres, légèrement à bout de souffle.

— On y retourne ? me demanda Olivier, une moue boudeuse aux lèvres.

— On n'a pas trop le choix.

Nous attrapâmes sur le plan de travail les plats pour le dîner – il nous fallait faire diversion. Avant d'ouvrir la porte, Olivier m'embrassa une dernière fois. J'eus beau faire, je n'échappai pas à l'interrogatoire visuel de Félix : il voyait que j'avais pleuré, mais qu'il y avait autre chose aussi. Quand il comprit, il ouvrit les yeux comme des billes, et m'envoya un clin d'œil lubrique. Je passai tout le reste de la soirée aux côtés d'Olivier.

Je pus rapidement me détendre, car le bébé fut couché, et on ne l'entendit pas broncher une seule fois. Lorsque nous sentions que la curiosité à notre égard retombait, nous arrivions toujours à nous effleurer. Je survolais les conversations, ne pensant qu'à ce qui venait de se passer, impatiente de me retrouver seule avec Olivier.

Félix réussit à me coincer.

— Tu rentres dormir chez toi ?

— Je ne sais pas, mais ne m'attends pas pour partir.

— Alléluia !

Tout le monde s'en alla. Sauf moi. Dès que nous fûmes seuls, je fis les deux mètres qui me séparaient de lui et retrouvai ses lèvres en me collant contre son corps. Mes mains pouvaient enfin le découvrir, les siennes se baladaient déjà sur ma taille, dans mon dos.

— Je peux rester dormir ici ? murmurai-je contre sa bouche.

— Comment peux-tu me poser cette question ? me répondit-il.

Sans m'éloigner de lui, je nous entraînai vers sa chambre et son lit… Ce ne fut pas un désir brut qui m'anima en faisant l'amour avec lui ; j'avais soif de tendresse, de contact, de douceur. Olivier était précautionneux dans chacune de ses caresses, chaque baiser. Il prenait soin de moi ; il ne cherchait pas son plaisir, il ne voulait que le mien. Je sus que j'avais rencontré l'homme qu'il me fallait. En m'endormant un peu plus tard dans ses bras, je me dis que je n'étais plus la femme de Colin, j'étais juste Diane.

Le mois qui suivit, je redécouvris la vie de couple. Nous nous voyions tous les jours, sauf le dimanche : hors de question de renoncer à mon brunch avec Félix. Je dormais régulièrement chez lui, le contraire, moins souvent. J'éprouvais encore certaines difficultés à dévoiler mon jardin secret. Il ne m'en tenait pas rigueur ; il me laissait toujours venir vers lui quand j'étais prête.

L'été était là, j'avais annoncé à Olivier que je ne comptais pas fermer. S'il fut déçu que l'on ne parte pas en vacances ensemble, il n'en montra rien. En cette soirée de début juillet, nous prenions un verre en terrasse, lorsque je lui proposai une alternative.

— Nous pourrions nous faire un week-end prolongé ?

— J'y avais pensé, mais je me disais que tu n'avais peut-être pas envie de partir avec moi, en fait, m'annonça-t-il avec un sourire en coin.

— Idiot !

Il rit avant de continuer :

— Sérieusement, je sais que tu ne veux pas t'éloigner des *Gens*.

— Tu as raison, ça me fait peur, mais tu es là maintenant, et on ne partira pas longtemps. J'espère que Félix pourra assurer…

Ce soir-là, Olivier dormit chez moi.

Le week-end prolongé du 14 juillet tombait à point nommé. J'allais devoir me séparer des *Gens* quatre jours, et briefer Félix. Olivier avait tout organisé : destination, billets de train, hôtel. Cependant, il trouvait que je ne m'octroyais pas assez de congés. L'avant-veille de notre départ, il manigança avec Félix pour que je m'accorde un après-midi supplémentaire, « pour faire le test », se justifièrent-ils. Pour mon plus grand bonheur, ils s'entendaient comme larrons en foire, Olivier riait de toutes les extravagances de Félix et ne portait pas de regard critique ni jaloux sur notre amitié complice et fusionnelle. Quant à Félix, il voyait en Olivier le successeur de Colin, il appréciait son humour et surtout le fait qu'il ne pose jamais de questions intrusives sur ma famille perdue.

Durant ce fameux après-midi test, Olivier m'accompagna faire les boutiques que je ne fréquentais plus depuis des années ; je profitai des soldes pour renouveler ma garde-robe d'été. Je le suivais sans me préoccuper du chemin emprunté, il me guidait dans les rues de Paris en me tenant la main. Soudain, il s'arrêta devant un spa. Je l'interrogeai du regard.

— Cadeau !

— Quoi ?

— Durant les deux prochaines heures, quelqu'un va s'occuper de toi. La détente des vacances commence aujourd'hui.

— Tu n'aurais pas dû…

— Chut ! Ça me fait plaisir. Ensuite, tu rentres chez toi, tu te prépares, et je viens te chercher à 19 heures. J'ai repéré une expo qui devrait te plaire et on dîne au resto après.

Je lui sautai au cou. Depuis Colin, personne n'avait cherché à prendre soin de moi comme lui.

J'étais détendue, j'avais une peau de bébé, et j'étrennais une jolie robe noire et des espadrilles compensées achetées l'après-midi même. Avant de descendre aux *Gens* attendre Olivier, je m'observai dans le miroir ; je fus heureuse de me sentir belle pour lui. Au regard qu'il me lança en me découvrant une demi-heure plus tard, je ne fus pas déçue.

Dans le métro, je m'accrochais à lui, le regardais, et l'embrassais dans le cou, telle une adolescente amourachée. J'avais tourné la page sur tant de choses. Je ne voyais pas ce qui pouvait rompre le charme paisible dans lequel je baignais depuis qu'Olivier était entré dans ma vie. Je commençais à m'avouer que j'étais amoureuse de lui. Un sentiment doux m'envahissait.

Nous sortîmes du métro à Montparnasse. Je suivais Olivier sans poser de questions. J'étais excitée comme une puce à l'idée de voir une expo. Il tint à garder la surprise jusqu'au bout. En arrivant à destination, il me fit tourner le dos à l'entrée, retardant le moment de me laisser découvrir où nous allions. J'entendais de la musique derrière moi ; de la musique celtique dans le quartier breton, quoi de plus normal ?

— J'épluchais le *Pariscope* quand j'ai repéré cette expo. Elle ne dure pas longtemps, il fallait en profiter, me dit Olivier, tout content de lui.

— Et c'est sur quoi ?

— Entre et tu verras.

Je poussai la porte. C'était une exposition sur le rapport à la mer des cultures britanniques, écossaises et irlandaises. L'ambiance créée était celle d'un pub ; on ne servait pas du champagne et des petits-fours, mais de la Guinness, du whisky et des chips au vinaigre. Mon excitation retomba, laissant place à un malaise abyssal.

— Tu m'as dit que l'Irlande t'avait fait du bien, je me suis dit que ça te plairait.

— Oui, réussis-je à articuler.

Olivier me prit par la taille pour commencer à faire le tour de la galerie. Il y avait beaucoup de monde, nous avions du mal à progresser parmi les visiteurs. Je n'osais porter mon regard sur aucune toile, aucune photo, de peur de reconnaître un paysage, de palper une impression, de faire resurgir des émotions. Je répondais par monosyllabes aux questions d'Olivier. Je déclinai sa proposition de boire une Guinness.

— J'ai eu une mauvaise idée, j'ai l'impression, finit-il par me dire.

Je lui pris la main, et la serrai fort.

— C'est ma faute, je t'ai dit que j'avais aimé ce pays et vivre près de la mer, c'est vrai... mais je n'en ai pas que de bons souvenirs, je n'étais pas au mieux de ma forme là-bas.

— On s'en va, dans ce cas. Te voir souffrir est la dernière chose que je voulais. Je suis désolé.

— Ne t'en veux pas, mais je préfère partir, excuse-moi. Reprenons notre soirée loin de tout ça.

Nous nous dirigeâmes vers la sortie, je restai blottie contre lui, regardant mes pieds. Nous étions presque dehors quand, de la musique et du brouhaha général, émergea une voix. Une voix qui me tétanisa. Une voix qui me renvoya à Mulranny. Une voix qui me donnait le goût des embruns sur les lèvres. Une voix rauque qui sentait le tabac et que je pensais ne jamais réentendre.

— Attends, dis-je à Olivier en le lâchant.

Je le plantai là, et revins sur mes pas, guidée et hypnotisée par l'écho de cette voix, qui résonnait comme le chant des sirènes. C'était impossible. J'avais fabulé, perturbée par le flot de souvenirs qui resurgissait dans cet endroit. Pourtant, je devais en avoir le cœur net. Je traquai les silhouettes, les visages, j'épiai les conversations, bousculai ceux qui entravaient ma recherche. Et je me figeai. C'était bien sa voix. Quelques centimètres me séparaient de lui. Il était là : de dos, grand, débraillé, en chemise, une cigarette entre les doigts qui n'attendait que d'être allumée. Si je humais l'air, son parfum envahirait mes narines et me renverrait dans ses bras. Je tremblais, ma bouche était sèche, mes mains moites, j'eus froid, j'eus chaud.

— Edward…, murmurai-je sans le vouloir.

J'eus l'impression que tout le monde m'avait entendue. Lui seul comptait. Son corps se contracta, il baissa le visage quelques secondes, serra les poings, et alluma son briquet nerveusement plusieurs fois de suite. Puis il se retourna. Nos regards s'accrochèrent. Le mien lui transmettait ma surprise et mes questions. Le sien, après m'avoir détaillée de la tête aux pieds, me renvoya de la froideur, de la distance. Ses traits étaient toujours aussi durs, arrogants, mangés par sa barbe. Sa chevelure, aussi décoiffée que dans mon souvenir, était désormais striée de quelques fils blancs. Il semblait épuisé, marqué par quelque chose que je n'arrivais pas à définir.

— Diane, dit-il enfin.

— Que fais-tu là ? lui demandai-je d'une voix tremblante, retrouvant naturellement mon anglais.

— J'expose mes photos.

— Depuis quand es-tu à Paris ?

— Trois jours.

Sa réponse eut l'effet d'un coup de poing en plein cœur.

— Tu comptais venir me…

— Non.

— Ah…

Les questions se bousculaient dans ma tête, j'étais incapable d'en formuler une seule. Son attitude hostile et lointaine me paralysait. Son regard dévia derrière moi, je sentis une main dans mon dos.

— Je te cherchais, me dit Olivier.

Comment avais-je pu l'oublier ? Je m'efforçai de sourire et me tournai vers lui.

— Excuse-moi… j'ai… j'ai aperçu Edward avant de sortir et…

Il lui tendit la main.

— Enchanté, je suis Olivier.

Edward lui serra la main, sans dire un mot.

— Edward ne parle pas français.

— Oh, pardon ! Je ne pensais pas que tu rencontrerais quelqu'un que tu connaissais ici ! dit-il en souriant dans un anglais parfait.

— Edward est photographe et…

— J'étais le voisin de Diane quand elle était à Mulranny.

Je n'aurais pas dit ça pour le définir. Il avait été bien plus. Et les battements de mon cœur m'envoyaient des signaux contradictoires sur ce qu'il représentait encore pour moi.

— Incroyable ! Et vous vous retrouvez là par le plus grand des hasards. Si j'avais su… Diane, veux-tu rester, finalement ? Vous avez du temps à rattraper, sûrement des choses à vous raconter…

— Non, intervint Edward. J'ai à faire. Ravi de t'avoir rencontré, Olivier.

Puis, me regardant :

— Porte-toi bien.

Je paniquai en le voyant prêt à s'éloigner de moi.

— Attends !

Je l'attrapai par le bras. Il scruta ma main sur lui. Je la retirai vivement.

— Tu es là jusqu'à quand ?

— J'ai un vol demain soir.

— Oh… tu repars déjà… Tu auras un peu de temps à m'accorder ?

Il passa la main sur son visage.

— Je ne sais pas.

— S'il te plaît, viens aux *Gens*. Je t'en prie…

— Je ne vois pas à quoi ça servirait, marmonna-t-il dans sa barbe.

— On a forcément des choses à se dire.

Il coinça sa cigarette éteinte au coin des lèvres, et me regarda dans les yeux.

— Je ne te garantis rien.

Je fouillai dans mon sac à main, à la recherche d'une carte de visite des *Gens*.

— Il y a l'adresse et un plan au dos. Appelle-moi si tu ne trouves pas.

— Je trouverai.

Il me lança un dernier regard, accorda un signe de tête à Olivier et tourna les talons.

— On y va ? me demanda Olivier. On dîne toujours au resto ?

— Oui, bien sûr. Cela ne change rien.

Avant de franchir la porte, je me retournai. Edward parlait avec du monde et me fixait en même temps.

Une demi-heure plus tard, nous étions attablés dans un restaurant indien. Chaque bouchée était un supplice, je me forçais pour Olivier, dont les attentions et la gentillesse ne faiblissaient pas malgré ce que je venais de lui faire ; il ne méritait pas ça. Je ne pouvais pas davantage le laisser dans l'ignorance. Cependant, j'allais devoir mesurer mes paroles.

— Excuse-moi pour tout à l'heure, commençai-je. Je n'aurais pas dû te laisser comme ça, mais… ç'a été tellement étrange de reconnaître quelqu'un… j'ai gâché ta surprise.

— Pas du tout. Tu es secouée, je n'aime pas te voir comme ça.

— Ça va passer, ne t'inquiète pas. Replonger dans l'atmosphère irlandaise m'a renvoyée à cette période de ma vie qui n'a pas été évidente.

— Et Edward, alors ? Qui est-ce ?

Son ton ne trahissait aucune suspicion.

— C'était mon voisin, comme il te l'a dit. Je louais un cottage à côté du sien, et mes propriétaires étaient son oncle et sa tante, Abby et Jack. Des personnes merveilleuses… J'étais amie avec sa sœur, Judith, une Félix version hétéro.

— Ça doit être quelque chose !

— Elle est extraordinaire…

— Et depuis que tu es partie ?

— J'ai quitté l'Irlande sur un coup de tête, j'ai expédié les au revoir, et je n'ai jamais donné de nouvelles. Aujourd'hui, j'ai honte de mon attitude égoïste.

— Tu n'as aucune raison, me dit-il en m'attrapant la main. Ils auraient pu prendre des tiennes.

— Ils ne sont pas du genre à s'immiscer dans la vie des autres, ils ont toujours respecté mon mutisme. Mon départ n'a rien changé.

— C'est pour ça que tu as insisté pour le revoir demain ?

— Oui…

— Il n'est pas très loquace, tu crois que tu vas en tirer quelque chose ?

Comment ne pas rire à sa remarque ?

— Ça sera concis, j'aurai le strict nécessaire, mais c'est toujours mieux que rien.

Je soupirai et fixai mon assiette vide.

— Tu veux peut-être dormir seule ce soir ?

Il chercha mon regard.

— Non, on va chez toi.

Une fois au lit, Olivier n'essaya pas de faire l'amour, il m'embrassa et me prit simplement dans ses bras. Il s'endormit assez vite, alors que, moi, je ne fermai pas l'œil de la nuit. Je revivais chaque détail de ces retrouvailles inattendues. Il y avait encore quelques heures, l'Irlande était une page tournée, un livre fermé de ma vie, il fallait que cela le reste. S'il venait le lendemain, je prendrais des nouvelles des uns et des autres, il repartirait, et ma vie reprendrait son cours.

Malgré toute ma discrétion, je réveillai Olivier en me levant.

— Ça va mieux ? me demanda-t-il, la voix encore ensommeillée.

— Oui. Rendors-toi. Profite de tes vacances.

Je l'embrassai.

— Je passe te retrouver en fin de journée.

Un dernier baiser et je partis.

Trois quarts d'heure plus tard, j'ouvrais *Les Gens* sans avoir mangé mon croissant habituel. Mon ventre était noué. Mes clients du matin durent sentir ma mauvaise humeur ; ils me laissèrent ruminer dans mon coin. Quand, vers midi, je vis Félix dans l'encadrement de la porte, je sus que ç'allait être une autre histoire. Je n'avais pas le choix. Si Edward venait, Félix serait aux premières loges. Et comment oublier que lors de leur dernière entrevue, ils s'étaient battus !

— Tu fais une de ces têtes, aujourd'hui ! Olivier a eu une panne ou quoi ?

Il attaquait fort. J'allais répondre aussi fort :

— Edward est à Paris, je suis tombée sur lui hier soir.

Il s'écroula sur le premier tabouret qu'il rencontra.

— Je dois être encore sous ecsta !

Bien malgré moi, je pouffai.

— Non, Félix. C'est la stricte vérité, et il va peut-être passer ici, aujourd'hui.

À mon expression, il comprit que ce n'était pas une blague. Il se releva, contourna le bar et me prit dans ses bras.

— Comment vas-tu ?

— Je ne sais pas.

— Et Olivier ?

— Je ne lui ai pas dit ce qui s'était passé entre nous.

— Il est venu pour toi ?

— Pas vraiment, vu l'accueil… Il exposait ses photos et repart ce soir.

— Bon, bah, ç'aurait pu être pire. Je vais bosser toute la journée, aujourd'hui. Rien que pour me rincer l'œil !

J'éclatai de rire.

Ce fut ma plus longue journée de travail. Je ne faisais qu'attendre. Félix me surveillait du coin de l'œil et faisait le pitre pour me détendre. Plus les heures passaient, plus je me disais qu'il ne viendrait pas. Ce qui, en vérité, ne serait peut-être pas plus mal. C'était périlleux de remuer tout ça.

Je rendais la monnaie à un client quand il apparut, un sac de voyage sur l'épaule. Mon café me sembla très petit d'un coup ; Edward prenait toute la place. Il serra la main de Félix, qui eut le bon goût de ne faire aucune blague douteuse, s'accouda au bar et observa mon univers avec la plus grande attention. Cela dura de longues minutes. Ses yeux bleu-vert scannaient les livres, les verres, les photos sur le comptoir. Il finit par river son regard au mien, sans rien dire. Tant de choses remontaient à la surface : nos disputes, nos quelques baisers, ma décision, sa déclaration, notre séparation. La tension dut devenir insupportable pour Félix, car il fut le premier à ouvrir la bouche.

— Une p'tite bière, Edward ?

— Tu n'as pas quelque chose de plus fort ? lui rétorqua-t-il.

— Dix ans d'âge, ça te va ?

— Sec.

— Diane, café ?

— Je veux bien, merci, Félix. Tu pourras t'occuper des clients s'il y en a ?

— Je suis payé pour ça ! me répondit-il en m'envoyant un clin d'œil encourageant.

Edward remercia Félix et entama son whisky. Je le connaissais assez pour savoir que, si je ne lançais pas la conversation, il était capable de rester une heure sans prononcer un mot. Après tout, c'était moi qui lui avais demandé de venir.

— Alors comme ça, tu exposes à Paris ?

— C'est une opportunité qui s'est présentée.

Il frotta ses yeux cernés. D'où venait cette fatigue qu'il dégageait ?

— Comment vas-tu ?

— Je travaille beaucoup. Et toi ?

— Je vais bien.

— Tant mieux.

Que lui dire de plus sur moi ? Et comment le faire parler ?

— Judith ? Que devient-elle ?

— Toujours la même.

— A-t-elle un homme dans sa vie ?

Avec une question pareille, il devrait réagir.

— Elle en a plusieurs, soupira-t-il.

Mauvais choix.

— Et Abby et Jack ? Ils vont bien ?

Là, j'étais sûre de ne pas me tromper. Pour la première fois, il fuit mon regard. Il se gratta la barbe, s'agita légèrement et attrapa son paquet de cigarettes dans sa poche.

— Que se passe-t-il, Edward ?

— Jack va bien…

— Et Abby ?

— Je reviens.

Il sortit et alluma une cigarette. J'en attrapai une à mon tour et le rejoignis.

— Toi non plus, tu n'as pas arrêté, observa-t-il, un rictus aux lèvres.

— Aucune raison de le faire… mais ce n'est pas de notre consommation de tabac respective que nous parlions.

Je me campai face à lui.

— Edward, regarde-moi.

Il m'obéit. Je compris que ce que j'allais entendre n'allait pas être agréable.

— Abby ? Elle va bien, n'est-ce pas ?

Le contraire était inenvisageable, je la revoyais sur son vélo le jour où je l'avais rencontrée, pétillante malgré son âge.

— Elle est malade.

— Mais… elle va guérir ?

— Non.

Je mis la main devant ma bouche. Abby était le socle de cette famille, si maternelle, si bienveillante, si généreuse. Je me souvenais d'elle lorsqu'elle me trouvait trop maigre et qu'elle me fourrait des tranches de *carrot cake* presque de force dans la bouche. Je pouvais encore sentir sa dernière étreinte quand je lui avais dit au revoir, et qu'elle m'avait répondu : « Donne-nous de tes nouvelles. » Sans que je le réalise sur le moment, Abby avait eu un impact considérable sur mon début de guérison, et je l'avais laissée de côté.

J'essayais de reprendre contenance lorsque je découvris Olivier près de nous. Edward remarqua mon inattention, et se retourna. Ils se serrèrent la main, et Olivier déposa un baiser discret sur mes lèvres.

— Ça va ? m'interrogea-t-il.

— Pas terrible. Edward vient de m'apprendre une très mauvaise nouvelle, Abby ne va pas bien du tout.

— Je suis désolé, dit-il à Edward. Je vous laisse, alors, vous serez mieux pour parler en tête à tête.

Il caressa ma joue et rejoignit Félix à l'intérieur des *Gens*. Je le suivis du regard, puis me tournai vers Edward, qui me dévisageait. Mon estomac était noué, je levai les yeux au ciel en soufflant avant de pouvoir m'adresser à nouveau à lui :

— Dis-m'en plus, s'il te plaît…

Il secoua la tête, et resta silencieux.

— Ce n'est pas possible… Je ne peux pas croire ce que tu viens de…

— Elle sera heureuse de savoir que tu vas bien. Elle n'a jamais cessé de s'inquiéter pour toi.

— Je voudrais faire quelque chose… je pourrai prendre de ses nouvelles ?

Il m'envoya un regard ombrageux.

— Je lui dirai que je t'ai vue, ça suffira.

Il consulta sa montre.

— Je dois y aller.

Il laissa la porte ouverte le temps de récupérer son sac et de saluer Félix et Olivier. Quand il revint vers moi, je me lançai :

— J'ai une question à te poser avant que tu partes.

— Je t'écoute.

— Ça n'a rien à voir avec Abby, mais j'ai besoin de savoir. J'ai essayé de t'appeler deux fois, il y a plusieurs mois, je t'ai même laissé un message. L'as-tu eu ?

Il s'alluma une nouvelle cigarette, et me regarda droit dans les yeux.

— Oui.

— Et pourquoi tu n'as…

— Diane, il n'y a plus de place pour toi dans ma vie depuis longtemps…

Il me laissa moins de cinq secondes pour encaisser le coup.

— Olivier semble être quelqu'un de bien. Tu as bien fait de refaire ta vie.

— Je ne sais pas quoi te dire…

— Ne dis rien, alors.

Je fis un pas vers lui, mais me ravisai au dernier moment.

— Au revoir, Diane.

Sans me laisser le temps de lui répondre, il tourna les talons. Je ne le quittai pas des yeux jusqu'à ce qu'il disparaisse en bas de la rue. Je luttais contre les larmes. Une image utopique se fissurait dans mes souvenirs. Lorsque je pensais à Mulranny, rien n'avait changé : Abby joyeuse, Jack solide, Edward seul, avec son chien et ses photos. Comment avais-je pu imaginer que la vie ne continuerait pas sans moi ? Étais-je égocentrique à ce point ? Mais cette vie avec Abby malade et condamnée, c'était inacceptable. J'avais envie de pleurer pour elle, sa douleur, sa perte, pour Edward qui n'était plus véritablement le même, parce que je comprenais que mon Irlande n'existait plus. Comme si, jusque-là, je nourrissais un espoir inconscient de belles retrouvailles, de bonnes nouvelles…

C'était fini. J'avais Olivier désormais, et Edward avait une femme dans sa vie. Nous avions, chacun de son côté, tourné la page. Mais Abby… comment ne pas penser à elle ?

– 5 –

Notre escapade en amoureux tombait à pic. Sans le savoir, Olivier avait bien fait les choses en décidant de m'emmener dans les calanques ; le soleil, la chaleur, l'accent chantant, le rosé frais, et mon maillot de bain remettraient les choses à leur place.

Ces quatre jours furent une parenthèse enchantée où je ne pus que davantage m'attacher à lui. Il anticipait toutes mes envies, chacun de ses actes, de ses gestes était doux, chacune de ses paroles était délicate. Il voulait que je me repose, si bien que nous fîmes l'impasse sur une exploration effrénée de la région. Je redécouvris le sens du mot « vacances », grâce aux longues siestes que je m'accordais, aux baignades, aux dîners au resto. Nous prenions le temps de ne rien faire, ensemble, c'était bon. J'en oubliai presque *Les Gens*.

Nous repartions déjà le lendemain. Nous déjeunions en terrasse quand mon esprit vagabonda et se demanda si Félix s'en sortait.

— À quoi penses-tu, Diane ?

— À Félix, lui répondis-je en riant.

— Tu t'inquiètes ?
— Un peu…
— Téléphone-lui.
— Non, je peux attendre vingt-quatre heures de plus.
— Tu mérites déjà les félicitations du jury, pour n'y songer que maintenant ! Je m'attendais à ce que ça vienne vraiment plus tôt. Ne te gêne pas pour moi.
— Merci ! Je l'appellerai sur la plage, ça le fera enrager !
Olivier éclata de rire.
— Je ne te connaissais pas sadique.
— Il adore, je n'y peux rien… on reprend un verre !

Une heure plus tard, je rôtissais au soleil pendant qu'Olivier se baignait. Comme les deux jours précédents, il avait pris la précaution de nous dénicher des rochers inaccessibles aux enfants, je ne risquais pas de crises d'angoisse. Je sentais ma peau chauffer, j'aimais ça, et j'aimais surtout le hâle qui me donnait une mine éclatante ; je n'avais pas connu ça depuis mes dernières vacances en famille. Et une chose me rendait particulièrement heureuse : l'absence totale de culpabilité. Place à la jubilation !
— *Les Gens heureux* ne branlent rien au mois de juillet, j'écoute !
Cela faisait bien longtemps que je ne relevais plus les déclinaisons des *Gens*…
— Félix, si tu me voyais ! Je suis dorée comme une frite, légèrement pompette grâce à un petit côtes-de-provence bien frais, et je ne vais pas tarder à aller nager avec mon amoureux.
— Qui est cette inconnue qui me parle ?

— L'unique, la seule, ta patronne !

— Alors, comme ça, tu t'éclates comme une petite folle ?

— Oui. Et toi, *Les Gens* sont encore debout ?

— J'ai évité l'incendie, l'inondation et le cambriolage, donc, on peut dire que je m'en sors.

— En gros, il est temps que je rentre. Dès demain soir, je fais le tour des lieux.

— Profites-en jusqu'au bout. C'est bon de t'entendre comme ça.

— J'en ai bien l'intention.

— J'avais peur qu'après la venue de l'autre zig, et surtout cette annonce sur Abby, tu te renfermes.

— Tout va bien. Je te laisse, Olivier me fait signe.

Je raccrochai et enfouis mon téléphone au fond de mon sac. Je me retenais d'en vouloir à Félix pour sa dernière remarque. J'avais tout mis en œuvre pour occulter Abby et profiter d'Olivier. Je devais continuer. J'inspirai profondément, retirai mes lunettes de soleil, et partis à l'eau. Je nageai jusqu'à lui, et m'accrochai à ses épaules, il me sourit et embrassa mon bras qui entourait son cou.

— Tout va bien ? me demanda-t-il.

— Ne parlons pas de Paris.

Dernière nuit à l'hôtel ; nous venions de faire l'amour, tendrement, comme toujours, et j'avais peur. Peur de perdre quelque chose après ces petites vacances, peur de perdre la paix, tout simplement. Olivier était dans mon dos, et me serra contre lui. Je caressai distraitement son bras, et regardai par la fenêtre que nous avions laissée ouverte.

— Diane, tu es ailleurs depuis quelques heures…

— Tu te trompes.

— Il y a un problème aux *Gens*, avec Félix ?

— Absolument pas.

— Dis-moi ce qui te travaille.

Qu'il arrête ! Qu'il se taise ! Pourquoi était-il si attentionné, si perspicace ? Je ne voulais pas que ce soit lui qui fasse éclater notre bulle.

— Rien, je te promets.

Il soupira et embrassa mon cou.

— Tu mens très mal. Tu t'inquiètes pour cette femme, ta propriétaire en Irlande ?

— Tu commences à bien me connaître… c'est vrai, je pense à elle, je n'arrive pas à y croire. Tout ce qu'elle a fait pour m'aider, je m'en rends compte aujourd'hui… Et songer qu'elle peut… non, c'est impossible. Je voudrais faire quelque chose, mais quoi ?

— Commence par l'appeler, ce serait un bon début.

— Je ne sais pas si j'en suis capable.

— Ça va te demander du courage, mais tu es bien plus forte que tu ne le crois. Quand je t'ai rencontrée, j'ai senti ta fragilité, mais tu as des ressources, énormément de ressources. Tu y arriveras.

— Je vais y réfléchir.

Je me tournai vers lui, et l'embrassai. J'avais besoin de le sentir contre moi, de m'accrocher à lui, je refusais de penser aux possibles conséquences de cet appel.

Je mis plus de un mois à me décider et à trouver la bonne occasion pour le faire. Je n'étais jamais seule. Aux *Gens*, Félix était toujours sur mon dos ; le reste du temps j'étais avec Olivier, et je ne me voyais pas téléphoner à Abby avec lui à mes côtés. En vérité, je reculais le moment tellement j'avais peur de ce que je risquais de découvrir. Je profitai des congés de Félix, fin août, pour prendre mon courage à deux mains.

— Allô ?

Bien que sa voix soit teintée de fatigue, je reconnus Abby, et cela m'ôta les mots de la bouche.

— Allô !... Il y a quelqu'un ?

— Abby... c'est moi...

— Diane ? C'est bien vrai ?

— Oui. Pardon de ne pas avoir...

— Tais-toi, ma petite chérie. Je suis si heureuse de t'entendre. Quand Edward nous a annoncé qu'il t'avait vue...

— Il vous a raconté ?

— Encore heureux ! Il nous a dit que tu allais bien, que tu avais rencontré quelqu'un ! C'est magnifique !

Ç'avait le mérite d'être clair.

— Merci... Et toi, comment vas-tu ?

— En pleine forme !

— Abby, grondai-je. Il n'est pas rentré dans les détails, mais Edward m'a dit...

— Il mériterait une bonne leçon pour ça, il n'aurait pas dû te tracasser...

C'était comme si je l'avais quittée la veille.

— Il a eu raison. Que t'arrive-t-il ?

— Eh bien, tu sais, le cœur d'une vieille dame fatiguée...

— Tu n'es pas vieille !

— Tu es mignonne, Diane. Ne t'en fais pas, c'est la vie... C'est bon de t'entendre, tu me manques beaucoup.

— Toi aussi, Abby.

— Oh, si je m'écoutais, je te demanderais bien quelque chose.

— Tout ce que tu veux !

— Viens nous rendre visite.

Retourner en Irlande, à Mulranny… je n'y avais jamais songé.

— Oh… je ne sais pas…

— J'aimerais tellement vous avoir tous autour de moi encore une fois. Et puis, Judith sera folle de joie. Tu es sa seule véritable amie.

Abby savait jouer les sentimentales quand ça l'arrangeait… j'aurais dû m'en souvenir ! La clochette retentit : Olivier venait m'aider à fermer.

— Je ne te promets rien, je vais voir ce que je peux faire.

— Ne tarde pas trop, ma petite chérie.

— Ne dis pas ça.

Je croisai le regard d'Olivier, qui avait bien compris avec qui je parlais, il me sourit gentiment.

— Je… je te rappelle vite.

— Merci, Diane, pour ton appel. À très bientôt. Je t'embrasse.

— Moi aussi, Abby, moi aussi.

Je posai mon téléphone sur le bar, et me réfugiai dans les bras d'Olivier. Il ne me fallut pas plus d'une minute pour me mettre à pleurer. J'aurais voulu être déjà là-bas avec elle, dans son salon, au coin du feu, lui dire et lui répéter qu'elle allait guérir. Comment pouvais-je partir sur un coup de tête en Irlande ? *Les Gens* ? Olivier ? Félix ?

— C'était si dur que ça ?

— Elle parle comme si c'était déjà la fin.

— Je suis désolé, Diane…

— Je vais devoir lui refuser une faveur, ça me rend malade.

— Laquelle ?

— On ferme d'abord et je t'en parle après.

— Si tu veux.

J'avais besoin de digérer avant de lui expliquer. La fermeture fut bouclée en moins de temps qu'il n'en faut pour le dire. Olivier alla nous chercher des falafels pour le dîner. En mangeant, je réussis à lui faire part de la requête d'Abby, à laquelle je n'arrêtais pas de penser.

— Tu as peur que ce soit trop dur pour toi ?

— Non, ce n'est pas à moi que je pense, c'est Abby qui est à plaindre.

— Alors pourquoi tu ne veux pas y aller ?

— *Les Gens*…

— Félix s'en est bien sorti, quand on est partis.

Je refusai de croire que c'était possible.

— Et toi ? Je ne vais pas te laisser… Tu voudrais venir avec moi ?

— Non, Diane. Pour plusieurs raisons. Je ne peux pas me permettre de reprendre des jours de congé, et quand bien même je le pourrais, ce sont tes amis, je ne voudrais pas t'empêcher de profiter d'eux en t'accompagnant. Ce n'est pas ma place. Et puis j'aiderai Félix, si ça peut te rassurer.

Je soufflai un grand coup tant j'étais effrayée par ce qui se jouait. Il prit mon visage entre ses mains, et me regarda dans les yeux.

— Ma seule exigence est que tu sois sûre de toi. As-tu envie de retourner en Irlande ? Ressens-tu le besoin d'y aller ?

— Oui, avouai-je.

Pour une fois, je profitai du Wi-Fi des *Gens*, et réservai vol et voiture en travaillant. Abby refusa catégoriquement que je prenne une chambre d'hôtel : je logerais chez eux. Je préparai Félix à mon absence par SMS, sans lui avouer où je partais. Autant Olivier avait respecté mon choix, autant ce serait une autre paire de manches avec mon meilleur ami. Pourtant, je n'avais pas de temps à perdre. Mon vol pour Dublin était trois jours après son retour de vacances.

Le matin de sa reprise, j'étais tendue comme un arc. Je le laissai me raconter ses vacances avant de lâcher la bombe. Il me devança.

— C'est tellement le grand amour que vous voulez repartir vous enfermer dans une chambre d'hôtel pendant plusieurs jours ? Tu me raconteras ?

— En réalité… je ne pars pas avec Olivier.

— Ah bon ! Tu fais quoi, alors ?

— Je vais rendre visite à Abby.

— Hein ? Tu te lances dans une carrière de comique, c'est ça ?

— Non.

— Tu es complètement cinglée ?

— Je ne te demande pas ton autorisation. Figure-toi que j'ai proposé à Olivier de m'accompagner, il a refusé.

— S'il savait que tu as fait mumuse avec Edward, il viendrait ! Il fait entrer le loup dans la bergerie. Je le pensais plus intelligent que ça.

— Tu te trompes.

Félix me battit froid jusqu'à mon départ. Cependant, au moment de lui dire au revoir, je palpai toute son inquiétude.

— Tu aimes Olivier ? Je veux dire, tu l'aimes vraiment ?

— Je crois, oui… enfin, je suis amoureuse de lui…

— Tu lui as dit ?

— Non, pas encore.

— Dans ce cas, fais attention à toi en Irlande.

— Félix, je reviens dans moins d'une semaine, je ne vois pas ce qui peut m'arriver.

Olivier m'accompagna à l'aéroport bien que je lui aie dit que ce n'était pas nécessaire. Et je savais déjà qu'il m'attendrait à ma descente au retour. Il m'épargna les consignes de sécurité. J'étais cafardeuse à l'idée de ne pas le voir pendant une semaine – c'était la preuve que Félix se trompait. Je restai dans ses bras jusqu'à la dernière minute.

— Je t'appelle très vite, lui dis-je entre deux baisers.

— Tout va bien se passer, j'en suis certain.

Je l'embrassai une dernière fois et me dirigeai vers l'embarquement.

C'était étrange. Depuis que mes pieds avaient retrouvé le sol irlandais, j'avais l'impression d'être chez moi, comme si je rentrais à la maison après une longue absence. Je n'étais pas préparée à un tel bien-être. J'avais cru me sentir mal, triste, angoissée, persécutée par les souvenirs. C'était tout le contraire. Chaque pas, chaque kilomètre parcouru était naturel, et me rapprochait d'un chez-moi. Mon corps et mon esprit avaient conservé une mémoire aiguë de ce trajet.

À l'approche de Mulranny, je levai le pied. Une dernière colline, et la baie apparut. La vue me saisit au point que je m'arrêtai sur le bas-côté. Une rafale me décoiffa dès que ma portière fut ouverte, j'éclatai de rire. Je me statufiai en admirant ce paysage qui avait été tout mon univers durant de si longs mois. Mon Dieu ! Comme cela m'avait manqué ! Au loin, je distinguai mon cottage, et celui d'Edward. J'avais la chair de poule, je regardai le ciel et respirai à pleins poumons cet air pur et iodé. J'eus mes premières larmes de vent, je les aimais, ces larmes, comme si elles nettoyaient mes yeux, mes joues. Les heures sombres étaient derrière moi, je ne repensais qu'aux instants magiques de cet endroit. Ce voyage était l'opportunité de faire la paix avec cette période de ma vie.

En arrivant au village, je fus frappée par l'absence de changement, tout était comme dans mon souvenir : l'épicerie, la station essence, et le pub. J'étais à deux doigts de m'arrêter faire mes courses et un crochet par le pub pour boire une Guinness. En revanche, m'approcher de la plage me semblait prématuré, j'avais tout le temps de le faire. Aussi me dirigeai-je vers chez Abby et Jack. Je n'avais pas encore coupé le moteur de ma voiture que la porte s'ouvrit sur eux. Je souriais, riais et pleurais à la fois. Je courus dans leur direction, ne voulant pas fatiguer Abby. Jack la devança et, à ma grande surprise, me prit dans ses bras de colosse.

— Notre petite Française est enfin là !

— Jack… merci.

— C'est moi la mourante, laisse-la-moi !

Le regard de Jack m'intima de ne pas réagir à l'humour de sa femme. Il me lâcha, et je la découvris de plus près. Elle était plus petite que dans mon souvenir et avait maigri. Je devinais qu'elle avait tout mis en œuvre pour camoufler les stigmates de la maladie : fond de teint, anticernes et fard à joues. Ses yeux restaient malicieux et encore pleins de vie. Elle m'enlaça à son tour.

— Que c'est bon de t'avoir à la maison ! Ça fait plus de un an que j'attends ton retour.

Je m'interdis de lui répondre : « Moi aussi. »

Une heure plus tard, après avoir vidé ma valise et rangé mes affaires dans une commode de ma chambre, j'étais dans la cuisine avec elle, et je préparais le dîner. C'est là que je perçus les premiers signes de fatigue, car elle ne refusa pas mon aide, contrairement à ce qu'elle aurait fait un an auparavant. Jack passait de la cuisine au salon, sa Guinness à la main. Abby, assise sur sa chaise, m'assaillait de questions sur ma vie à Paris, sur Félix, dont elle gardait un souvenir ému, et sur Olivier. Je n'en revenais toujours pas qu'Edward ait parlé de lui : il avait vraiment changé ! J'écoutai ma curiosité :

— Il a quelqu'un dans sa vie, alors ?

Abby eut un petit sourire.

— Oui… une personne qui prend de la place.

Un vent de panique m'envahit.

— Abby, ne me dis pas que c'est…

Son éclat de rire m'interrompit.

— Elle n'est jamais revenue, celle-là. Rassure-toi… son arrivée égaie nos vies, tu verras. Vous allez forcément vous rencontrer.

Merci mon Dieu ! Heureusement, j'avais Olivier, car si j'avais encore été célibataire, j'aurais difficilement supporté de voir Edward avec une autre, surtout si, comme je le comprenais, c'était une fille sympathique que tout le monde appréciait.

Durant le dîner, je pris des nouvelles des habitants dont je me souvenais. Et, en réalité, je me souvenais de tout le monde. Abby m'apprit que Judith débarquait pour le week-end, et qu'elle était en grande forme. J'allais passer un sale quart d'heure ! Je pris en charge la vaisselle et leur interdis de faire quoi que ce soit. Je voulais qu'ils se reposent pendant mon séjour chez eux, c'était la moindre des choses. J'y avais tous mes repères, un peu comme chez des grands-parents où j'aurais passé toutes mes vacances enfant. Une fois que tout fut en ordre, je sortis fumer une cigarette, et m'assis sur le perron. Au loin, j'entendais la mer et les vagues. J'étais si détendue, je respirai à fond, mon corps était comme du chewing-gum. Jack me rejoignit quelques minutes plus tard, en compagnie d'un cigare.

— Abby est montée se coucher, m'annonça-t-il.

— J'espère ne pas trop la fatiguer.

— Avec tout ce que tu fais, ça ne risque pas ! Tu ne pouvais pas lui faire plus beau cadeau. Elle a eu du mal à se remettre de ton départ.

— Je suis désolée…

— Ne le sois pas, elle est comme ça, elle voudrait garder tout son monde autour d'elle, en permanence, comme si vous étiez des enfants. Tout ce que j'espère, c'est que tu ne t'es pas forcée à venir pour elle.

— Pas du tout… j'avais quelques craintes, je peux te

l'avouer… mais depuis que je suis là, je sais que c'est la meilleure décision que j'aie prise.

J'étais bien au chaud sous la couette, dans mon lit spécial géant. Je venais de raccrocher d'avec Olivier, ça m'avait fait du bien de lui parler, et d'avoir un contact avec ma réalité parisienne. J'étais bien plus attachée à ce pays que je ne voulais l'admettre. J'étais prête à éteindre ma lampe de chevet quand des coups frappés à ma porte retentirent. Je fus stupéfaite de découvrir Abby, enveloppée dans sa robe de chambre.

— Je te croyais endormie…

— J'ai des insomnies… et je voulais savoir si tu étais bien installée.

— Il faudrait être difficile.

Elle s'approcha du lit, s'assit à côté de moi, et me prit les mains.

— Tu es radieuse, Diane.

— Merci.

— On va rattraper le temps perdu.

— Oui.

— Si tu savais comme je suis heureuse de t'avoir près de moi quelques jours… Ma seconde fille est à la maison…

L'émotion me rendit muette.

— Couche-toi.

Elle se leva, je me rallongeai. Elle me borda et m'embrassa le front.

— Dors bien, ma petite fille.

Je m'endormis paisiblement.

Le lendemain après-midi, Abby voulut que nous allions marcher toutes les deux sur la plage. Pour qu'elle ne se fatigue pas trop, Jack nous déposa en voiture à proximité. Nous avancions bras dessus, bras dessous, à petits pas. La main d'Abby calmait mes tremblements ; je ne voyais que mon cottage. J'avais cru mourir de chagrin dans cette maison. Mais ces quatre murs avaient aussi contribué à me faire devenir celle que j'étais aujourd'hui.

— Personne n'y a habité depuis ton départ.

— Pourquoi ?

— Il est à toi… J'ai pris les clés, veux-tu y entrer ?

— Non, je ne souhaite pas remuer tout ça.

— Je comprends.

Nous poursuivîmes notre balade sur la plage, non sans recevoir quelques gouttes de pluie. Mais je faisais confiance au flair météorologique de Jack, qui nous avait assuré qu'il n'y aurait pas de grain avant plusieurs heures. J'aimais cette plage, cette mer d'un bleu menaçant, ce vent qui faiblissait à peine. À cet endroit, j'avais pleuré Colin et Clara, j'avais ri, j'avais découvert le vrai Edward, j'avais rencontré Judith. Et je m'étais roulée dans le sable.

— Edward a toujours son chien ?

— Plus fou que jamais. Tiens, regarde-le qui arrive !

Abby me lâcha et recula de quelques pas en riant. Entendre cet aboiement me remplit de joie et d'excitation. J'en avais passé, du temps, avec Postman Pat ! Il arrivait en courant. Je tapai sur mes genoux pour le faire venir à moi et, comme avant, il me sauta dessus et me fit tomber à la renverse.

— Comment vas-tu, mon chien ? lui demandai-je alors qu'il me léchait le visage.

— Il t'a reconnue, me dit Abby.

— C'est incroyable !

Je réussis à me relever et lui envoyai un bâton au loin, en m'interrogeant sur l'absence de son maître.

— Edward le laisse en liberté, maintenant ?

— Non, il doit être avec Declan.

— Qui est Declan ?

Abby n'eut pas le temps de me répondre ; une petite voix l'appelait à tue-tête derrière moi. Je me retournai, et eus un mouvement de recul en découvrant un petit garçon qui courait vers nous, plus précisément vers Abby. Il se jeta sur elle et se blottit contre son ventre. Un nœud se forma dans ma gorge, la présence de cet enfant ternissait mes retrouvailles avec la plage et suscitait trop de questions pour ma tranquillité d'esprit.

— Abby !

— Oui, Diane ?

— À qui est cet enfant ?

Elle sembla mal à l'aise, ce qui était rarement son cas et qui accentua mon angoisse.

— Alors, à qui est-il ?

— À moi, dit Edward, derrière moi.

Je fis volte-face. Il était à moins de un mètre, et me regardait droit dans les yeux. Je scrutai alternativement cet enfant et lui. La ressemblance était frappante. Ce petit garçon, dont on sentait déjà qu'il serait un solide gaillard une fois adulte, était un modèle réduit d'Edward : les cheveux blond foncé en bataille, les traits durs et fiers, mais avec le sourire en plus. Sauf que cet enfant avait au moins cinq ans… Mes calculs furent interrompus par une petite main qui tirait sur mon manteau.

— Tu t'appelles comment ?

Incapable de lui répondre, je le fixai ; mêmes yeux inquisiteurs que son…

— Declan, je te présente une amie de la famille, c'est Diane, lui répondit Abby. On va laisser papa parler avec elle, d'accord ?

Il haussa les épaules, se moquant de son sort.

— Edward, dînez tous les deux à la maison, proposa Abby. Je prends Declan avec moi.

— Il est hors de question que tu rentres à pied, je te ramène en voiture.

— Je ne crois pas que ton fils ait besoin d'entendre votre conversation.

— Je vais vous déposer, et je rejoins Diane après.

Je n'avais pas mon mot à dire. Comme à la grande époque ! Edward siffla son chien, fit signe à son fils de le suivre sans lui dire un mot, et prit la direction de sa voiture garée devant chez lui. Abby vint vers moi.

— Tu m'aides à marcher ? me demanda-t-elle en prenant mon bras.

Ce fut moi qui m'accrochais à elle, plutôt que le contraire. Je fixai mes pieds, incapable de regarder devant moi et d'assister à cette scène familiale : Edward marchant avec son fils et son chien.

— Ne sois pas trop dure avec lui, ma petite chérie, me dit-elle avant de monter en voiture.

Edward s'approcha, je reculai en le fusillant du regard.

— Tu veux attendre chez moi ?

— Et puis quoi encore ?

— Ne commence pas…

Je reconnus son ton cassant. La moutarde me montait au nez, mais je me retins par respect pour Abby. Je lui tournai le dos et repartis vers la plage.

Durant un quart d'heure, je tournai en rond, je lançai

des pierres dans l'eau de toutes mes forces, et j'enchaînai les cigarettes. Voilà qu'il était père de famille ! S'il y avait bien une chose impossible, c'était ça. Qu'il ait retrouvé une femme était tout à fait normal, elle aurait même pu avoir déjà des enfants ! Mais qu'il ait un fils à lui, dont il ne pouvait renier l'origine ! Un enfant de cet âge, qui plus est ! Pourquoi fallait-il toujours qu'il me mette à l'épreuve ?

Le crissement de ses pneus m'avertit de son retour. Je me raidis davantage et explosai quand il m'eut rejointe :

— Comment as-tu pu me cacher un truc pareil ? Tu as un fils de plus de cinq ans ! Et tu ne m'as rien dit ? C'est ta philosophie de mentir et de cacher l'essentiel de ta vie ? Tu m'avais déjà caché ta pétasse ! Et là, ton…

— Tais-toi ! De quel droit me poses-tu ces questions ? Tu es partie ! Tu n'as jamais pris de nouvelles ! Tu as refait ta vie !

L'attaque me fit reculer. Il me tourna le dos et s'alluma une cigarette. Je me sentis mal, l'heure des reproches avait sonné pour moi. Il avait raison, je l'avais laissé alors qu'il était prêt à tant de choses avec moi. Pourtant, je ne pouvais pas m'arrêter, j'avais besoin de réponses.

— Étais-tu au courant de son existence quand j'étais là ?

— Comment peux-tu imaginer une chose aussi ignoble ? me rétorqua-t-il en me faisant face à nouveau, le regard noir.

— Ne compte pas t'en sortir si facilement. Je n'attendrai pas l'arrivée de Judith pour avoir les explications sur ta vie. C'est fini, cette époque-là. Ou tu passes à table et tu m'expliques d'où il vient…

— Ou quoi ?

— Je m'en vais direct. Dès ce soir.

Je n'aimais pas ce que j'étais en train de faire, mais je n'avais pas le choix. Il restait silencieux.

— Si je pars maintenant, c'est Abby qui en souffrira.

Il se prit la tête entre les mains, s'ébouriffa les cheveux et regarda la mer.

— J'ai appris l'existence de Declan il y a un peu plus de six mois. Et ça fait quatre mois qu'il vit ici.

Il marcha vers des rochers et s'y assit. Je l'observai de longues secondes avant de me décider à le rejoindre. Il semblait tellement mal, je le voyais à sa façon de tirer sur sa cigarette. S'il avait pu l'ingérer, il l'aurait fait. La fatigue perçue en le revoyant à Paris émanait de tous les pores de sa peau. C'était plus que ça, c'était de l'épuisement, un épuisement psychique. Il était écrasé par un poids dont il n'arrivait pas à se délester. Les choses avaient changé entre nous, mais sa détresse m'était insupportable, et ce que je lui demandais de faire en se confiant était une épreuve pour lui. Il me lança un regard en biais quand je m'assis à ses côtés. Je remontai mon col et attendis qu'il entame son récit.

— Judith avait dû te raconter qu'après ma rupture avec Megan j'étais parti m'isoler sur les îles d'Aran ?

— Oui.

— Ce qu'elle n'a jamais su, c'est que j'avais fait un arrêt à Galway avant de prendre le bateau. Je me suis saoulé pour oublier. Dès le premier soir, j'avais une compagne de beuverie qui noyait je ne sais quoi. Tu peux facilement imaginer comment ça s'est fini… Ç'a duré trois jours… on ne sortait du lit que pour refaire les niveaux d'alcool. Un matin, en ouvrant les yeux, je me suis rappelé que j'avais un chien dans ma voiture. La pauvre bête… J'ai pris conscience de ce que j'étais en train de devenir : un type qui boit et qui couche avec n'importe quelle fille pour se venger de son ex… j'étais pathétique, ça ne me ressemblait pas. J'ai embarqué sur le bateau sans dire au revoir, je me suis coupé du monde pendant deux mois sur les îles d'Aran et j'ai oublié cette fille. C'était à peine si je me souvenais de son prénom. Sauf qu'elle, elle n'a jamais eu la possibilité de m'oublier.

Il s'interrompit pour allumer une cigarette. Lui et son sens de la responsabilité en avaient pris un coup.

— Vous vivez ensemble ?

Il m'envoya un sourire triste.

— Elle est morte.

Mon sang se glaça. J'eus mal pour ce petit garçon.

— Comment as-tu su pour ton fils ? Quel âge a-t-il ?

— Il a six ans… Après ton départ, j'ai beaucoup travaillé pour… enfin, bref. Mon nom commençait à apparaître à droite et à gauche. On m'a demandé de couvrir une régate à Galway. Un jour, à la descente d'un bateau, elle m'attendait sur le ponton. Elle me cherchait depuis plusieurs mois. J'ai mis un temps fou à la reconnaître, pas à cause de mes souvenirs embrouillés, mais parce qu'elle était métamorphosée, elle n'avait que la peau sur les os et était ravagée par la fatigue. Elle a insisté pour qu'on prenne un verre ensemble. Elle n'y est pas passée par quatre chemins et m'a annoncé qu'elle était condamnée. J'étais triste pour elle, mais je ne voyais pas trop ce que je pouvais faire. Elle m'a mis une photo de Declan sous le nez. Si elle n'avait pas été malade, je n'aurais jamais su que j'avais un fils. Elle l'a élevé toute seule, sans rien demander à personne… Quand tu m'as téléphoné, je venais d'avoir les résultats du test de paternité, et j'étais en train de faire mes valises pour m'installer à Galway afin de l'accompagner jusqu'au bout.

Il se releva et marcha jusqu'à la mer. J'étais frigorifiée, pas parce que la température avait baissé, mais à cause de ce que je venais d'entendre. La vie lui avait donné un fils orphelin de mère qu'il n'avait pas désiré, et, à moi, la vie m'avait retiré ma fille, ma raison d'être. Clara avait l'âge de Declan quand elle est partie. J'étais pourtant loin d'être envieuse. Comment allait-il s'en sortir ? Lui, le solitaire marqué par la mort de sa mère et l'abandon de son père ?

— Diane, il faudrait qu'on y aille. Jack et Abby dînent tôt.

Je restai dix pas derrière lui tandis que nous rejoignions sa voiture. Un pincement au cœur m'étreignit en montant dans son Range Rover. En plus des divers déchets que laissait toujours traîner Edward, il y avait désormais ceux d'un enfant. Autre différence, sa voiture sentait un peu moins le tabac qu'avant. Le trajet fut expédié, il roulait toujours aussi vite. Une fois la voiture garée et le contact coupé, Edward se carra au fond de son siège, ferma les yeux et soupira.

— Edward… je…

— Ne dis rien, s'il te plaît.

Il sortit de la voiture, j'en fis autant. En pénétrant dans la maison d'Abby et Jack, nous fûmes accueillis par des éclats de rire d'enfant qui me firent monter les larmes aux yeux. Je fus assez discrète pour que personne ne le remarque. Edward se contenta de passer la main dans les cheveux de son fils. Je pris le relais d'Abby en cuisine, cela m'occupait et m'éloignait de cet enfant qui m'observait toujours du coin de l'œil.

À table, Abby présidait, Jack était assis à côté de moi et, en face de nous, Edward et son fils. La situation était totalement incongrue. Que faisais-je là ? Je n'avais d'autre choix que de me confronter à cette réalité. Et d'écouter Declan, qui n'arrêtait pas de parler. Le problème devint plus grave quand il me prit pour cible :

— Tu habites où, Diane ? Pourquoi tu es ici ?

Je levai le nez de mon assiette et croisai le regard d'Edward avant d'affronter celui de son fils.

— Je rends visite à Abby et Jack, et j'habite à Paris.

— C'est où t'es allé, papa ?

Je m'accrochai au rebord de la table en l'entendant prononcer ce mot, « papa ».

— Oui, Declan, j'y étais.

— Et t'as vu papa, Diane ?

— Un peu.

— Vous êtes copains, alors ?

Du regard, je suppliai Edward de répondre.

— Diane est surtout amie avec Judith. Maintenant, ça suffit, tu manges et tu arrêtes de parler.

Declan se renfrogna en lançant à son père un regard mêlé de crainte et d'admiration.

À la fin du repas, je me précipitai pour débarrasser. Sauf que Declan, en petit garçon bien élevé, m'aida. Je ne voulais pas être désagréable avec lui, il n'avait rien demandé ni rien fait de mal, mais c'était au-dessus de mes forces. Les enfants sont comme les chiens : moins on veut les voir, plus ils vous collent. Heureusement, Jack nous rejoignit.

— Tu en as assez fait pour ce soir, va donc fumer ta cigarette, me dit-il avec un clin d'œil.

— Merci.

J'étais déjà dans l'entrée quand je surpris une conversation entre Abby et Edward. Il avait une proposition de travail pour le surlendemain, et personne pour récupérer Declan à la sortie de l'école. Abby était dans l'impossibilité d'accepter, elle avait des examens médicaux toute la journée à une cinquantaine de kilomètres de Mulranny. Avec une douceur que je ne lui connaissais pas, Edward la rassura, lui disant que ce n'était pas important. Je m'éloignai en pensant tout le contraire.

En fumant ma cigarette, j'en profitai pour téléphoner à Olivier. À ma grande surprise et aussi à ma grande satisfaction, il passait la soirée avec Félix. Après avoir été rassurée sur l'état des *Gens*, je ne pus m'empêcher de lui raconter ce que j'avais appris dans la journée, ce qui l'inquiéta.

— Comment le vis-tu ?

— Ce n'est pas facile, je ne m'attendais pas à ça.

En bruit de fond, j'entendais Félix presser de questions Olivier, qui finit par lui expliquer. Félix poussa un cri outragé et s'empara du téléphone.

— C'est une blague ? Il a un gamin ? Quand je pense qu'il était prêt à vivre avec…

— Félix ! criai-je dans le combiné pour le faire taire.

— Oups ! Enfin, c'est un parfait salaud avec la mère !

— Il ne savait pas, Félix, défendis-je Edward, ce qui me troubla. Bon, repasse-moi Olivier, maintenant.

Il s'exécuta en râlant, mais je m'en moquais.

— Tu es contente d'être là-bas, malgré tout ?

— Oui, je suis heureuse, je profite d'Abby et de Jack, et Judith arrive bientôt, ne t'inquiète pas pour moi.

— Tu me manques, Diane.

— Toi aussi…

La porte d'entrée s'ouvrit dans mon dos. Edward et son fils rentraient chez eux.

— Je dois te laisser, dis-je à Olivier. Je t'embrasse.

— Moi aussi.

Je raccrochai. Edward me fixait, mâchoires serrées. Declan vint directement vers moi.

— On va se revoir ?

— Je ne sais pas…

— Ça serait bien, on jouerait avec Postman Pat.

— Declan, laisse Diane tranquille et monte dans la voiture !

— Mais…

— Il n'y a pas de mais.

Le père et le fils se défièrent. Malgré sa dureté, Edward paraissait totalement désemparé.

— Tu es méchant, papa !

Il courut jusqu'à la voiture. Edward soupira.

— Désolé s'il t'a dérangée ce soir.

— Pas du tout, ne t'en fais pas.

La spontanéité de ma réponse me surprit. Était-elle sortie parce que je ne voulais pas qu'Edward se tracasse, ou voulais-je défendre cet enfant ?

— Bonne nuit, me dit-il.

— Toi aussi.

Il eut un rictus ironique que je ne saisis pas, et rejoignit son fils, qui boudait, le visage collé à la vitre.

En me couchant un peu plus tard, je ne savais plus où j'en étais. J'étais touchée par leur détresse. Malgré toutes les barrières érigées autour de moi, je ne pouvais pas rester insensible à leur situation. Ce petit garçon avait perdu sa mère si peu de temps auparavant, et vivait désormais chez un père qu'il ne connaissait pas. Dans un autre contexte, j'aurais ri à l'idée d'Edward en père de famille ; maintenant, le rire était indécent. Edward devait se mettre une pression incroyable pour essayer de bien faire, mais il n'avait pas de modèle, et devait être rongé par la culpabilité. Je m'endormis en pensant que je ne pouvais rien faire, mais que j'aurais du mal à occulter ce changement radical.

– 6 –

Le lendemain, Abby décida que je devais prendre l'air. Après le déjeuner, elle exigea que Jack et moi profitions de sa sieste pour aller nous promener. Elle n'eut aucune difficulté à simuler la fatigue, je la trouvais plus marquée depuis le réveil.

— Je peux aller me balader toute seule, proposai-je à Jack.

— Elle me mettra à la porte dès que tu auras le dos tourné ! Et j'ai bien envie de me dégourdir les pattes avec toi.

Je devais reconnaître que j'étais aussi ravie que lui à l'idée de partager un moment ensemble. Il s'assura qu'Abby était bien installée pour son après-midi, avec tout ce qu'il lui fallait à proximité, et lui embrassa le front avant de me faire signe de le suivre. À ma grande surprise, nous prîmes la voiture. Jack conduisit jusque derrière les cottages où il se gara. Il voulait me faire découvrir une petite partie de la Wild Atlantic Way – route longeant toute la côte ouest irlandaise. Et dire qu'en presque une année je n'avais pas eu idée d'aller plus loin que le bout de mon nez !

— Prends ça !

Il sortit de son coffre une parka.

— On va se faire saucer ! m'apprit-il, le sourire aux lèvres.

— Deux jours sans pluie : c'était trop beau pour être vrai !

Nous entamâmes notre marche. Je ne songeais pas à parler tant j'étais époustouflée par la beauté des paysages et le choc des couleurs. Un an plus tôt, je n'avais vu que le vert, alors que la palette de l'arc-en-ciel était omniprésente : les rouges sombres de la tourbière mouchetée de petites fleurs violettes, le noir terrifiant des montagnes au loin, le blanc des moutons, le bleu profond et froid de la mer, le scintillement du soleil sur les vagues. Je prenais chaque bourrasque de vent comme un cadeau. Même la pluie, lorsqu'elle arriva, me rendit heureuse. Je rabattis la capuche sur ma tête et continuai à marcher sans penser à m'abriter. Je n'étais plus la poule mouillée d'avant. Jack, les mains dans le dos, s'était adapté à mon pas – je n'avais pas ses grandes jambes. Il ne cherchait pas à engager la conversation. Je le sentais simplement bien, content d'être là avec moi. De temps à autre, nous nous faisions klaxonner, il saluait les conducteurs d'un signe de la main et d'un grand sourire.

— Tu as dû avoir un sacré choc, hier, commença-t-il, après trois quarts d'heure de marche.

— C'est peu de le dire…

— Ça faisait bien longtemps que je n'avais pas enguirlandé Edward comme ça, quand il a refusé de te prévenir avant que tu arrives en début de semaine.

— Pourquoi as-tu fait ça ?

— Je ne voulais pas que tu te sentes prise en traître. J'avais peur que tu partes et qu'Abby en souffre.

Effectivement, on n'était pas passés loin du clash.

— Malgré l'avoinée, il a persisté dans sa bêtise. Quelle tête de mule !

— Ce n'est pas nouveau ! Mais tout va bien, je t'assure.

— Quoi qu'il fasse, tu finis toujours par lui pardonner, me dit-il en riant.

Je ris un peu moins que lui. Il ne commenta pas davantage et fit demi-tour.

En posant mes fesses dans la voiture une heure plus tard, je cherchai à me rappeler si j'avais déjà autant marché de ma vie ; une rando de deux heures, ce n'était pas franchement dans mes habitudes. Pourtant, mes jambes m'avaient portée, je m'étais sentie légère, dotée d'une forme olympique. Je m'observai dans le miroir de courtoisie ; mes joues étaient rouges, mes yeux brillants, mes cheveux humides à souhait, mais je respirais la santé. Les gens qui vivent en bord de mer, même sous le climat irlandais, ont une mine éclatante. Il n'y avait qu'à regarder Jack. À ce régime-là, je reviendrais plus hâlée qu'après mon week-end dans le Sud avec Olivier. J'avais envie de clore en beauté ce moment.

— Que dirais-tu d'aller nous requinquer au pub ?

— Rien ne pourrait me faire plus plaisir !

Un quart d'heure plus tard, nous nous arrêtions sur le parking du pub. Jack quitta la voiture sans se rendre compte que je ne bougeais pas. Je fixais la façade ; encore un lieu qui faisait resurgir les souvenirs, encore un lieu où les bons moments prenaient le pas sur les mauvais. Jack toqua sur ma vitre, j'ouvris ma portière et sortis de l'habitacle.

— Tu ne ressens pas l'appel de la bière ?

— Si, mais ça fait bizarre d'être là.

— Ils ne vont pas en croire leurs yeux ! Personne ne t'a oubliée !

— C'est une bonne chose, tu crois ?

Ici, j'avais crisé sur Edward, j'avais bu au point de ne plus tenir debout, j'avais été à deux doigts de me battre avec une saleté, j'avais dansé sur le bar… bref, je n'avais pas toujours montré une image reluisante.

— Ma petite Française, quand accepteras-tu que tu es chez toi, ici ?

Il poussa la porte. Dès qu'elle fut ouverte, le parfum de bière et de bois me sauta au nez, le bruit des conversations étouffées me rappela la tranquillité que l'on pouvait trouver dans cet endroit. J'avançai, dissimulée par la carrure de Jack.

— Regarde qui je t'amène ! dit-il au barman, plus tout jeune, mais toujours le même.

— Je crois rêver !

Il contourna son bar et me fit deux bises affectueuses en me tenant par les épaules. Je me sentis toute petite, entre ces deux géants du troisième âge !

— Alors comme ça, ton neveu s'est enfin décidé à aller la chercher ! brailla-t-il en retournant à son poste.

— Diane est venue pour Abby.

— Que je suis bête, bien sûr !

Jack me lança un regard désolé.

— Tout va bien…, le rassurai-je. Et puis il n'a pas tout à fait tort : si je n'avais pas croisé Edward à Paris, je ne serais sûrement pas là !

Il éclata de rire. Moi aussi. Tout Mulranny avait assisté aux différents rebondissements de ma relation avec Edward, et chacun avait son avis sur la question !

Une pinte de Guinness apparut sous mes yeux. J'admirai sa couleur, sa mousse dense et onctueuse, son parfum de café, le cérémonial pour la servir en deux temps… Voilà plus de un an que je n'en avais pas bu. La dernière, c'était ici même. La vie tournait. Avant, la Guinness me rappelait Colin, qui n'aimait que cette bière-là. C'était pour ça que j'étais venue à Mulranny. Aujourd'hui, je ne pensais plus à mon mari lorsque je voyais la harpe dorée de Guinness, je pensais à l'Irlande, à Jack qui en buvait à la place du thé à 16 heures, à Edward qui m'avait forcé la main sans le savoir pour que j'en goûte. Cette dégustation avait été un choc, j'avais réalisé que, par ignorance, je me privais d'un sacré plaisir. Nos pintes s'entrechoquèrent, Jack me fit un clin d'œil et m'observa le temps que j'avale ma première gorgée.

— Que c'est bon !

— On a réussi, dit-il au barman. Elle est du pays !

L'heure qui suivit, nous la passâmes à discuter avec les uns et les autres qui me reconnaissaient. Ils venaient gentiment prendre de mes nouvelles ; on parla de la pluie, évidemment, mais aussi de l'été qui avait été beau, des matchs de rugby et de foot gaélique du week-end suivant. Et puis il fut temps de rentrer pour Abby. Le soir, je ne fis pas long feu après le dîner. Cette journée en valait plusieurs.

Abby et Jack partirent tôt le lendemain pour les rendez-vous médicaux. Je n'avais pas envie de rester seule dans leur grande maison, alors je décidai de profiter de ma journée et de partir en vadrouille vers Achill Island afin de poursuivre ma découverte de la veille.

J'empruntai donc la même route que Jack et passai devant les cottages. Je me retins d'y jeter un coup d'œil. Je longeai la côte, fascinée par la violence des paysages, des éléments. Pourtant, je n'arrivais pas à être totalement absorbée et comblée. Je tentai de contrôler mon esprit et mes pensées… un échec cuisant. Je finis par freiner d'un coup sec au beau milieu de la route.

— Fais chier ! hurlai-je dans ma voiture.

Je sortis et claquai ma portière de toutes mes forces. J'allumai une cigarette et descendis vers la mer à travers la prairie. Il faisait beau, bon, je surplombais les vagues, j'avais la journée devant moi pour faire le plein de grand air, comme la veille, et je ne pensais qu'à une chose. Ça me sidérait… Je courus jusqu'à ma voiture, fis demi-tour, et repartis vers Mulranny pied au plancher en me maudissant pour ma stupidité. Je pilai devant le cottage et allai frapper à sa porte. En me découvrant, Edward ne put cacher son inquiétude :

— Il y a un problème ? C'est Abby ?

— Ton contrat, aujourd'hui ? C'est important ?

— De quoi parles-tu ?

— Je t'ai entendu en parler avec Abby, l'autre soir. Réponds-moi et fais-le vite avant que je change d'avis.

— Ça l'est.

— À quelle heure Declan finit l'école ?

— 15 h 30.

— Je m'en occupe, va travailler. Tu me donnes les clés de chez toi ?

— Rentre deux minutes.

— Non.

Il récupéra son trousseau dans sa poche et me le tendit.

— À plus tard.

— Attends, me dit-il en me retenant par le bras.

Nous nous regardâmes dans les yeux de longues secondes.

— Merci.

— Pas la peine.

Je sifflai Postman Pat, et partis vers la plage avec lui. Cinq minutes plus tard, j'entendais le 4×4 d'Edward démarrer en trombe, je ne me retournai pas, et lançai un bâton au chien.

15 h 30 arrivait trop vite. J'avais sauté le déjeuner, de crainte de vomir. Je me contentai d'entrouvrir la porte du cottage d'Edward pour enfermer le chien ; repousser mon retour dans cette maison. Je marchai vers l'école en fumant cigarette sur cigarette et en me traitant de tous les noms. Comment avais-je pu avoir une telle idée ? Aux dernières nouvelles, je ne supportais plus les enfants, ils me faisaient peur, ils me tétanisaient, ils me rappelaient Clara. Edward n'avait rien demandé, je ne lui devais rien. Pourquoi avais-je voulu l'aider, lui rendre service ? Certes, il comptait encore pour moi, il compterait toujours, c'était un fait incontestable, mais de là à mettre en danger ma paix intérieure ! Étais-je soudainement prise de voyeurisme envers ce petit garçon, ses relations avec son père, sa douleur, son deuil – peut-être pas si différent du mien –, il avait perdu sa mère, j'avais perdu ma fille ? Je balançai mon dernier mégot à quelques mètres de l'école. C'était l'horreur ; ces mères de famille rayonnantes, landau en main, attendant leurs aînés. Certaines me connaissaient de vue à l'époque où j'habitais là, mais je suscitais la même curiosité qu'alors ; elles me regardaient, murmurant des messes basses. J'avais envie de leur dire : « Mesdames, je suis

de retour ! » Et puis la cloche sonna, elles disparurent. Une nuée d'enfants s'échappèrent des classes. J'aurais pu voir Clara sortir en courant et en riant, sauf que Clara ne portait pas d'uniforme comme les petits Irlandais qui s'agitaient dans tous les sens et cherchaient leurs mères du regard. Les souvenirs me broyaient de l'intérieur, je l'entendais m'appeler : « Maman, maman, tu es là ! », je la revoyais débraillée, les cheveux en bataille, des taches de peinture sur les mains et sur les joues, son odeur de sueur d'enfant, piaillant…

— Diane, Diane, tu es là !

Je fus brutalement arrachée de mes songes lorsque Declan me percuta.

— La maîtresse m'a dit que c'était toi qui venais me chercher, c'est trop bien !

— Tu me donnes ton cartable ?

— Papa ne le prend jamais.

Pourquoi n'étais-je pas étonnée ?

— Moi, je te le porte.

Il le défit de ses épaules pour me le tendre. Nous quittions la cour de récréation quand il attrapa ma main, et dit au revoir à ses copains de loin. Il semblait si fier. Sur le chemin vers le cottage, il ne disait rien, attendant certainement que ça vienne de moi. Je pris sur moi ; il n'y était pour rien, je m'étais mise toute seule dans cette situation. Je devais assumer, peu importaient les conséquences.

— Alors, l'école ?

Son visage rayonna de bonheur, il se lança dans le récit de sa journée avec enthousiasme. Son débit ne diminua pas en entrant chez lui, il balança son manteau – aussi bordélique que son père –, et courut dans le séjour. Tout en continuant à pipeletter, il joua avec son chien. Il ne remarqua pas mon temps d'arrêt sur le seuil de la pièce. Mon retour dans ce cottage, dans l'intimité d'Edward. En moins de quelques secondes, je constatai les deux changements majeurs : *exit* les cendriers dégueulant de mégots et la photo de Megan sur la plage. Cependant, impossible de deviner qu'un enfant vivait ici : aucun jouet, aucune trace de feutres. Je n'avais pas besoin de confirmation, la preuve était flagrante : Edward n'avait aucune idée de ce qu'il fallait à son fils. J'eus mal pour eux deux. Je retirai mon blouson et l'accrochai au portemanteau dans l'entrée. Je passai derrière le bar de la cuisine, bar où j'avais vu tant de fois Edward.

— Declan, tu veux goûter ?

— Ouais !

Sans grande conviction, j'explorai les placards à la recherche du goûter idéal, pensant que j'avais peut-être parlé trop vite. J'étais mauvaise langue. Je pus lui faire un chocolat chaud et lui servir des biscuits. Je l'observai tandis qu'il dévorait, en luttant contre la superposition des images. Declan était sur le tabouret de bar de la cuisine de son père, Clara aurait été sur le tabouret de bar aux *Gens*. J'essayais de me rassurer en me disant que la ressemblance s'arrêtait là. Declan n'avait plus sa mère, alors que Clara avait encore la sienne. La sienne qui donnait le goûter à un autre enfant, qui n'était rien pour elle.

— Veux-tu aller sur la plage ? lui proposai-je.

— Avec Postman Pat ?

— Bien sûr. As-tu des devoirs ?

Il se renfrogna.

— Tu les fais et on y va après ?

Il acquiesça de la tête. Je partis chercher son cartable

avant de m'installer à côté de lui au bar. Il était dans la classe qui correspondait à notre CP, je devais pouvoir m'en sortir. Clara n'avait pas eu le temps de faire ses devoirs. Je parcourus son cahier de textes : il avait une page à déchiffrer dans un livre. J'allais devoir m'appliquer avec mon accent. Je mis la page entre lui et moi, et il commença la lecture. Son attention et sa concentration m'étonnèrent ; Clara n'aurait pas été si disciplinée. Quand ce fut fini, naturellement, je lui demandai d'aller se changer avant de sortir. Il sauta de son tabouret, et me fixa.

— Tu as besoin d'aide ?

— Non.

— Il y a un problème ?

Il secoua la tête et disparut dans l'escalier.

Sur la plage, je me contentai de le surveiller de loin pendant qu'il s'agitait avec le chien. Je ne cessai de m'interroger. Pourquoi arrivais-je à m'occuper de cet enfant sans m'effondrer ? Cherchais-je à me faire pardonner d'avoir laissé Edward, il y a plus de un an, à travers son fils ? Peut-être en étais-je capable parce que je repartais dans quelques jours et qu'il n'y aurait aucune conséquence sur ma vie ? Je pouvais donc rester détachée de lui.

N'ayant aucune idée de l'heure de retour d'Edward, quand nous fûmes rentrés à la maison, j'invitai Declan à prendre sa douche. Il gagna l'étage sans négocier, sans rien demander. J'attendis un petit quart d'heure avant de monter à mon tour. Ce couloir, cette salle de bains… Je frappai à la porte.

— Tout va bien ?

— Je fais tout seul avec papa.

C'était un petit homme qui n'avait d'autre choix que de se débrouiller, sans rien attendre de qui que ce soit.

— Tu m'autorises à aller dans ta chambre ?

— Oui.

J'eus un sourire triste en la découvrant. Edward avait essayé : il y avait des jouets – un circuit de voitures, un train, quelques Lego, des peluches en vrac sur le lit défait. Mais les murs étaient froids, aucune décoration. Ses vêtements étaient pour moitié rangés dans une commode aux tiroirs entrouverts, le reste encore dans les valises. Cependant, la présence d'un fauteuil dans un coin de la pièce m'interpella. Declan fit son entrée, le haut de pyjama à l'envers et les cheveux encore mouillés.

— Ne bouge pas, lui dis-je.

J'allai récupérer une serviette de toilette. Il m'attendait au centre de sa chambre, tout sourires et avec une légère timidité dans le regard. Je lui essuyai la tête énergiquement, et lui fis enfiler son pyjama dans le bon sens. Ses beaux yeux essayèrent de me faire passer un message que j'exclus de chercher à comprendre.

— Tu es parfait, maintenant.

Il me prit par la taille, colla son visage sur mon ventre, et me serra fort. Ma respiration se coupa, je regardai en l'air et restai les bras ballants. Brusquement, il me lâcha et partit jouer avec ses voitures en riant, en se racontant des histoires, ragaillardi par une nouvelle joie de vivre.

— Je te laisse cinq minutes, je vais fumer une cigarette dehors.

— Comme papa, me répondit-il, sans plus se soucier de moi.

Je dévalai l'escalier, attrapai mes clopes et sortis sur la terrasse. En fumant, je téléphonai à Olivier.

— Je suis contente de t'entendre, lui dis-je sitôt qu'il décrocha.

— Moi aussi, tu vas bien ? Tu as une petite voix.

— Non, non, je t'assure, tout va bien.

Inutile de l'inquiéter en lui expliquant ce que je faisais.

— Parle-moi de toi, des *Gens*, de Paris, de Félix.

Il s'exécuta avec entrain. Petit à petit, il me ramenait chez moi, dans ma vie. Il m'éloignait de mes démons, en m'offrant une bouffée d'oxygène. *Les Gens* me manquaient, la stabilité émotionnelle qu'ils m'avaient apportée. La douceur d'Olivier, sa simplicité apaisante… Ce répit fut de courte durée ; Declan venait d'arriver dans le séjour, et me cherchait, visiblement anxieux.

— Je te rappelle demain.

— J'ai hâte que tu rentres, Diane.

— Moi aussi. Je t'embrasse fort.

Je retournai à l'intérieur. Declan m'envoya un sourire soulagé.

— Je peux regarder la télé s'il te plaît ?

— Si tu veux.

— Il rentre quand, papa ?

— Je ne sais pas. Tu veux lui téléphoner ?

— Non !

— Si tu as envie de le faire, il ne faut pas avoir peur. Ton papa peut comprendre…

— Non, je veux la télé.

Il se débrouilla comme un chef pour lancer ses dessins animés. Vu l'heure, je décidai de lui préparer à dîner. Je cuisinai au son de ses éclats de rire, avec Postman Pat à mes pieds qui attendait que ça tombe dans sa gueule.

Lorsque je me surprenais à sourire, je me répétais que ce n'était pas moi qui faisais tout ça.

Trois quarts d'heure plus tard, nous avions fini de manger – j'avais accompagné Declan –, la vaisselle était faite, il n'était pas loin de 21 heures, et toujours aucun signe de vie d'Edward. Declan était sur le canapé, devant les dessins animés.

— Il va falloir aller au lit, lui annonçai-je.

Il se ratatina.

— Ah…

Il s'extirpa des coussins, éteignit la télévision docilement. Toute joie de vivre avait quitté son visage, il semblait se recroqueviller sur lui-même.

— Je t'accompagne dans ta chambre.

Il hocha la tête. Une fois à l'étage, il alla se brosser les dents sans que j'aie à lui demander de le faire. J'allumai une veilleuse sur sa table de nuit et retapai sa couette. Quand il arriva, il se mit à quatre pattes, et explora le dessous de son lit ; il en ressortit avec une grande écharpe à la main. Il n'était pas difficile de deviner à qui elle avait appartenu. Puis il se coucha.

— Je laisse la lumière allumée ?

— Oui, me répondit-il, d'une toute petite voix.

— Dors bien.

Je n'eus pas le temps de faire deux pas avant d'entendre les premiers sanglots.

— Reste avec moi.

Juste ce qui me terrorisait. Je commençai par me mettre à genoux près de sa tête, il la sortit de la couette, défiguré par le chagrin, ses grands yeux pleins de larmes, comme sidéré par le manque et la douleur, l'écharpe de sa mère contre lui. Doucement, j'approchai ma main, je la fixai pour mesurer la portée de mon geste ; je la passai dans ses cheveux. À mon contact, il ferma brièvement les yeux, puis les rouvrit, m'implorant de faire quelque chose pour atténuer sa souffrance. Je me posai une question. Une seule. Une question interdite : qu'aurais-je fait si ç'avait été Clara ? Par la pensée, je suppliai ma fille de me pardonner cette trahison, c'était avec elle que j'aurais dû faire ça. Faire ce que j'avais refusé avec son petit corps mort, lui dire que tout allait bien se passer, qu'elle irait bien, que je serais toujours là pour elle. Je m'allongeai à côté de Declan et le pris contre moi, respirant son odeur d'enfant. Il se nicha, se frotta à moi, et pleura. Beaucoup, sans interruption. Il appelait sa mère, je murmurais : « Chut, chut, chut… »

Et puis des sons venus de très loin sortirent de ma bouche ; une petite berceuse que je chantais à Clara quand elle faisait un cauchemar. Ma voix ne trembla pas, alors que les larmes coulaient toutes seules sur mes joues. Nous pleurions tous les deux la même perte. Nous étions au même endroit, un gouffre où nous souffrions du manque. Les sanglots de Declan se calmèrent petit à petit.

— Tu es une maman, Diane ? me demanda-t-il en hoquetant.

— Pourquoi dis-tu ça ?

— Parce que tu fais comme ma maman…

Les enfants avaient un sixième sens pour trouver la fêlure. Ce petit garçon me prouvait que mes gestes, mes paroles étaient imprimés, marqués au fer rouge par la maternité, par celle que j'avais été, que je le veuille ou non.

— J'étais maman avant…

— Pourquoi avant ?

— Ma fille, Clara… elle est partie comme ta maman.

— Tu crois qu'elles sont ensemble ?

— Peut-être.

— Maman, elle est gentille avec elle, t'inquiète pas.

Je le serrai contre moi, et le berçai en pleurant silencieusement.

— Je peux encore avoir la chanson ?

Je rechantai. Sa respiration s'apaisa.

Une heure passa avant que j'entende la porte d'entrée s'ouvrir. Edward m'appela, je ne lui répondis pas, de crainte de réveiller Declan que je n'avais pas lâché une seule seconde. Edward monta quatre à quatre l'escalier, et se figea sur le seuil de la chambre de son fils. Il prit appui au chambranle de la porte, serra les poings, leva les yeux au ciel, cherchant certainement à échapper à cette scène. Lui aussi souffrait de la situation. Je compris l'utilité du fauteuil dans la chambre, il devait passer ses nuits, là, à le veiller. Du regard, je lui intimai l'ordre de se taire. Dans son sommeil, Declan lutta légèrement lorsque je me détachai de lui. Je calai au plus près de son visage l'écharpe de sa mère, et me retins de déposer un baiser sur son front. J'en avais fait assez. Je passai devant Edward, hagarde. Il me suivit jusqu'au rez-de-chaussée. J'enfilai mon blouson et ouvris la porte d'entrée. Je lui tournais le dos quand il se décida à parler.

— Je suis désolé d'être rentré si tard. J'aurais voulu t'épargner ça.

— Il faut que je m'en aille.

— Merci pour Declan.

Toujours sans lui faire face, je balayai ses remerciements d'un mouvement de la main.

— Diane, regarde-moi.

— Non.

Il m'attrapa délicatement par le bras, me retourna et me découvrit, ravagée par les larmes.

— Qu'est-ce qui s'est passé ? Que t'arrive-t-il ?

Il allait prendre mon visage entre ses grandes mains quand je me dégageai vivement.

— Ne me touche pas s'il te plaît… Rien, il ne s'est rien passé. Declan a été adorable.

Je courus jusqu'à ma voiture et roulai à toute vitesse vers chez Abby et Jack. Je restai de longues minutes effondrée sur mon volant. Les enfants apportaient trop de souffrance, trop de chagrin, vivants comme morts. La douleur de Declan m'était insupportable, j'aurais tant voulu l'aider, mais c'était au-dessus de mes forces, et je refusais de trahir Clara. Elle allait croire que je l'abandonnais encore une fois. Je l'avais abandonnée en la laissant partir en voiture, je l'avais abandonnée en n'allant pas lui dire au revoir, je ne pouvais pas l'abandonner en jouant à ça avec Declan ou n'importe quel enfant. Je n'en avais pas le droit.

En arrivant dans le séjour, je trouvai Abby, en robe de chambre, assise dans un rocking-chair devant un feu de cheminée. Elle me fit signe d'approcher, je titubai jusqu'à elle, m'écroulai par terre et posai ma tête sur ses genoux. Elle me caressait les cheveux, je fixais les flammes.

— Je veux ma fille, Abby.

— Je sais… tu es courageuse. Tu as dû faire beaucoup de bien à Declan.

— Il a tellement mal.

— Comme toi.

Plusieurs minutes passèrent.

— Et toi, tes rendez-vous ?

— Je suis fatiguée, je m'éteins tranquillement.

Je serrai plus étroitement ses genoux.

— Non, pas toi… Tu n'as pas le droit de nous laisser.

— C'est normal que je m'en aille, Diane. Et puis je veillerai sur eux tous. Tranquillise-toi. Pleure maintenant, ça soulage.

Le lendemain, je décidai de passer la journée avec Abby et Jack. J'éprouvais le besoin de me concentrer sur la raison essentielle de mon séjour à Mulranny et pas sur Declan et son père. Les jours défilaient à toute vitesse ; mon temps aux côtés d'Abby était compté. Judith arrivait dans moins de vingt-quatre heures, ensuite, ça sentirait la fin. Elle était fatiguée par sa journée de la veille, aussi nous restâmes toute la journée à la maison. En fin d'après-midi, Jack partit marcher sur la plage, il ne pouvait passer une journée entière enfermé chez lui, l'appel du grand air était plus fort que tout.

Nous étions installées toutes les deux dans le séjour, une tasse de thé à la main, quand elle m'interrogea :

— Quels sont tes projets ?

— Oh… je ne sais pas trop… je crois que je vais continuer comme ça. Je suis bien dans mon café, j'en suis propriétaire, maintenant…

— Et ton petit fiancé ?

Elle me souriait.

— Olivier n'est pas mon fiancé, Abby.

— Ah, les jeunes d'aujourd'hui ! Tu es heureuse avec lui ? Il est gentil avec toi, au moins ?

— Je n'aurais pas pu trouver plus gentil ni plus respectueux que lui.

— C'est une bonne chose… J'espère qu'Edward trouvera le même bonheur que toi…

Elle riva son regard au mien. Je savais à quoi elle pensait, et je refusais d'avoir cette conversation.

— S'il te plaît, Abby…

— Ne t'inquiète pas, je ne t'embêterai pas. Mais nous nous faisons tellement de souci pour lui et pour Declan. Edward a beaucoup souffert de la perte de sa mère, et du comportement odieux de mon frère, son père… Quand je le vois aujourd'hui… Je sais ce qu'il va faire pour ne pas commettre les mêmes erreurs : il va s'oublier au profit de son fils.

— Il est fort, je suis certaine qu'il s'en sortira…

Son attachement profond à Edward et à Judith était aussi charnel que celui d'une mère pour ses enfants. Une question me brûlait les lèvres.

— C'est parce que vous vous êtes occupés d'eux que vous n'avez pas eu d'enfant à vous, avec Jack ?

— Non… ça remonte à si loin, et pourtant…

Son regard se perdit dans le vague, et fut traversé par une vague de tristesse.

— Nous avons perdu deux bébés. Je n'ai pas eu la chance de vivre avec eux, mais ta souffrance pour ta petite fille, je la comprends…

Les larmes me montèrent aux yeux.

— Abby, je suis désolée, je n'aurais pas dû…

— Tu as bien fait… nous avons un point commun

toutes les deux, et je sais qu'il est temps que je t'en parle. Avant, quand tu habitais ici, cela aurait été prématuré, mais aujourd'hui… peut-être que ça t'aidera…

— Comment as-tu fait pour t'occuper de ces enfants qui n'étaient pas les tiens ?

— Il y en a eu, des cris et des pleurs ! Les premiers temps, je ne m'autorisais pas à être la mère de Judith, je ne voulais être que sa tante, et surtout, je ne voulais pas être une voleuse d'enfants. Je restais détachée d'elle. Elle me facilitait les choses en étant un bébé tranquille, trop tranquille. Elle ne pleurait pas, ne réclamait rien, elle aurait pu rester dans son lit sans se faire entendre. Quand on voit ce qu'elle est devenue…

Elle s'interrompit pour rire. J'en fis autant. Imaginer Judith calme et discrète paraissait aberrant.

— Avec Edward, c'était autre chose… Il nous provoquait, il piquait colère sur colère, cassait tout…

Rien d'anormal.

— Jack savait le prendre en main, moi, j'étais passive, je ne voulais pas voir qu'il m'appelait au secours pour sa sœur et pour lui.

— Que s'est-il passé pour que les choses changent ?

— Mon merveilleux Jack… Un soir, après une énième crise d'Edward, il a menacé de les rendre à mon frère, puisque finalement je n'avais pas envie de m'occuper d'eux. Pour l'unique fois de notre vie, nous avons fait chambre à part, cette nuit-là. J'ai compris que j'allais tout perdre : mon mari et mes enfants – parce que, oui, ils étaient mes enfants. Le bon Dieu me les avait envoyés et personne ne me traitait de voleuse…

— Tu es une femme incroyable…

— Pas plus qu'une autre… tu y arriveras toi aussi.

— Je ne crois pas…

— Laisse la vie faire son œuvre.

Abby et Jack consacrèrent la soirée à me faire partager leurs souvenirs à travers leurs albums photo. Je découvrais l'histoire de cette famille.

– 7 –

J'entendis Judith avant de la voir.

— Elle est où, la pétasse ? cria-t-elle depuis l'entrée.

— On t'avait prévenue qu'elle était en forme ! me dit Jack alors que nous étions dans le salon.

Je me levai du canapé pour assister à son débarquement. Elle me repéra, me pointa du doigt, en répétant : « Toi, toi, toi ! » Puis, sans m'épargner son regard perçant, elle claqua un gros baiser sur la joue de Jack avant de foncer dans ma direction.

— Toi, espèce de petite… tu n'es qu'une… et puis merde !

Elle se jeta sur moi, et me serra fort contre elle.

— Tu vas t'en prendre plein la gueule, tu le sais, ça ?

— Toi aussi, tu m'as manqué, Judith.

Elle me lâcha, renifla, et me prit par les épaules en me détaillant de la tête aux pieds.

— Tu t'es remplumée ! Waouh !

— Et toi, tu es toujours aussi spectaculaire !

— J'entretiens la légende.

C'était la stricte vérité. Judith était splendide, avec un sex-appeal de feu, une espièglerie dans le regard qui devait désarçonner le plus dur des hommes. Même son frère se faisait piéger. Abby nous rejoignit, et nous enlaça. Judith me fit un clin d'œil, tendre et complice.

— J'ai mes deux filles avec moi.

Mon malaise dut paraître évident.

— Ne fais pas cette tête-là, Diane. C'est bien vrai, ce que dit Abby. En plus, tu as été à deux doigts d'être ma sœur…

J'avais oublié à quel point elles étaient terribles lorsqu'elles se liguaient. Nous éclatâmes de rire toutes les trois.

La journée se déroula à l'image de ces retrouvailles. Nous alternions rires, larmes et piques de Judith à mon encontre. Avec elle, nous partagions les tâches de l'intendance pour soulager Abby. Celle-ci semblait avoir rajeuni de dix ans, toute trace de maladie avait disparu en quelques heures : son visage était détendu, elle avait retrouvé tout son peps et ne paraissait plus oppressée. Judith et moi dûmes batailler pour qu'elle nous laisse gérer la préparation du dîner, tant elle se trouvait en forme. Ce soir-là, nous serions deux de plus : Edward et Declan se joignaient à nous. Je refusais de m'en préoccuper.

Une grande partie de l'après-midi fut consacrée à la préparation du repas ; je pris un cours de gastronomie irlandaise en apprenant à faire le pain noir et le véritable *irish stew*. À cet instant, je me dis qu'elles avaient raison : j'étais avec ma mère et ma sœur. Ma sœur avec qui je faisais des bêtises comme si nous avions quinze ans, et notre mère qui nous remontait les bretelles. Jack essayait bien de temps en temps de pénétrer dans notre antre féminin, mais, invariablement, il rebroussait chemin.

Judith sortit son smartphone pour immortaliser ce moment. Abby se prêta au jeu en riant, j'en fis autant. Il y eut des selfies de nous trois en rafale. J'étais en train de faire l'imbécile lorsque la porte s'ouvrit sur Declan et Edward.

— Judith ! cria Declan.

— Eh, mon morveux préféré ! Qu'est-ce que j'ai dit ?

— Bonjour, tante Judith, lui répondit-il docilement, avant de se jeter à son cou.

Cette phrase me déclencha un tel fou rire que je me pliai en deux. Je n'avais pas eu une barre au ventre de cette puissance depuis des années.

— Quelqu'un a déjà vu Diane dans cet état ? s'interrogea Abby, en riant elle aussi.

— C'est la faute de Judith ! réussis-je à dire. Tu n'as pas honte, toi qui mets les pieds sur la table, de te faire appeler comme ça ?

— Attends, j'essaie d'être classe.

Edward me suivit en riant à son tour. Depuis que je l'avais revu, c'était la première fois que je le voyais un peu détendu et souriant. Je préférai détourner le regard. Mes yeux tombèrent sur Declan qui me fixait, toujours accroché au cou de Judith. Il me fit un grand sourire et un signe de la main.

— Bonjour, Declan, lui dis-je de loin.

— Bon, les enfants, on se remet au travail ! Les filles, on cuisine, Edward, tu nous fais de vraies photos ! ordonna Abby.

Il la regarda comme une extraterrestre.

— Pour une fois, utilise ton talent pour la famille. Fais-moi plaisir.

— C'est bien parce que c'est toi, bougonna-t-il.

Il allait quitter la cuisine quand Declan l'interpella :

— Papa, attends !

Tous les regards convergèrent vers lui. Il faisait l'asticot dans les bras de Judith pour retrouver le plancher des vaches. Elle finit par le lâcher.

— Je peux t'aider ? lui demanda-t-il en s'approchant de lui.

— Viens avec moi à la voiture.

Au sourire qu'il adressa à son père, on voyait à quel point il l'aimait déjà. Quelques minutes plus tard, il était l'assistant d'Edward et lui tendait le matériel exigé. Les pitreries de Judith et le simple plaisir de rendre Abby heureuse suffirent à occulter le malaise causé en moi par leur présence, ou en tout cas à composer avec. Jack nous rejoignit lui aussi, et nous servit de la Guinness. Il s'assit et trinqua avec sa femme. Declan tournait autour de la table en riant. Judith rangea tout le bazar, et je pris en charge la plonge. Nous parlions tous en même temps, de tout, de rien, simplement animés par la joie d'être là. Lorsque j'eus fini la vaisselle, je pris appui contre le plan de travail et bus ma bière. Je croisai le regard d'Edward sur moi – ce fut comme un moment suspendu. J'aurais voulu détourner les yeux, j'en étais incapable. À quoi pouvait-il penser ? De mon côté, impossible d'y voir clair dans ce qui me traversait l'esprit. Et puis, d'un coup, sa mâchoire se crispa, la bulle éclata. Il chercha son fils ; Declan fixait comme un trésor l'appareil photo de son père posé sur le buffet.

— N'y touche pas, c'est fragile.

La déception se lisait sur son visage de petit garçon. Elle fut encore plus grande quand Edward partit ranger son matériel dans sa voiture sans lui demander son aide et sans dire un mot à quiconque. Son absence s'éternisa et sembla inquiéter Declan. Il fixait la porte de la cuisine, sursautait au moindre bruit, comme sur le qui-vive. Lorsqu'il entendit son père rentrer dans la maison, son visage se détendit et il retrouva le sourire.

En passant à table, Declan exigea que je m'assoie à côté de lui. Je n'avais aucune parade en stock pour refuser. Après tout, je n'étais plus à ça près. Edward s'apprêtait à le rabrouer, je l'en empêchai.

— Tout va bien, lui dis-je en souriant.

L'ambiance du dîner fut drôle, conviviale et familiale. La vie n'avait épargné personne à cette table, eux encore moins dernièrement, avec la maladie d'Abby. Et pourtant, chacun faisait en sorte de rebondir, de vivre avec, de se contenter de petits moments heureux ; un mélange d'instinct de survie et de fatalité. Ils m'avaient accueillie avec mes casseroles, et continuaient à le faire. J'étais parmi eux et j'étais bien. Cependant, une part de moi aurait préféré se sentir moins à son aise ; la séparation allait être difficile, je le savais déjà. Autant il m'était nécessaire pour progresser dans ma vie à Paris d'être sûre que nous avions fait table rase du passé, autant il serait compliqué de penser à eux de loin. C'était l'effet pervers de ces retrouvailles. Judith me sortit de mes pensées :

— On file au pub après ?

— Si tu veux.

— Hors de question de rater une occasion de faire la fête avec toi ! Par contre, tu évites de finir comme la dernière fois.

— Si tu pouvais éviter de me rappeler cet épisode, ça m'arrangerait.

Sauf qu'au sourire vicieux qu'elle afficha, je compris

qu'elle ne s'arrêterait pas là. Elle donna un coup de coude à Edward.

— Eh, frangin, tu te souviens quand on a dû la récupérer ?

Il marmonna dans sa barbe. Lui comme moi nous en souvenions parfaitement.

— Les enfants, racontez-nous, intervint Abby, excitée comme une puce.

— Diane ne tenait plus debout, Edward a filé une patate à un type qui louchait trop sur elle. Il a été obligé de la porter sur son épaule. C'était à mourir de rire, elle gesticulait dans tous les sens en braillant contre lui, et Edward ne bronchait pas, imperturbable.

Abby et Jack nous scrutèrent alternativement, et finirent par éclater de rire. Nous nous regardâmes, gênés dans un premier temps, avant de suivre le fou rire général.

— C'est quoi, filer une patate ? demanda Declan.

— C'est se battre, lui répondit Judith.

— Waouh, papa, tu t'es déjà battu ?

— Si ça n'était arrivé qu'une fois..., embraya Jack. Fiston, ton père se battait déjà à ton âge.

— Pourquoi tu lui racontes ça ? rétorqua Edward.

— Tu m'apprendras, papa ?

Le père et le fils se fixèrent. Pour la première fois, Edward eut un regard tendre envers Declan avant de se tourner vers sa sœur.

— Allez-y maintenant si vous voulez, je m'occupe de ranger ici.

Il se leva, passa la main dans les cheveux de son fils, et lui demanda de l'aider à débarrasser. Ce fut plus fort que moi, je les fixai jusqu'à ce qu'ils disparaissent dans la cuisine. Judith se racla la gorge.

— Prête à faire la bringue ?

— C'est parti !

L'une après l'autre, nous embrassâmes Abby et Jack qui nous remercièrent mille fois pour la soirée. Edward et Declan sortirent de la cuisine, Judith alla les embrasser. Je me contentai de leur envoyer un signe de la main.

— Soyez prudentes, nous dit Edward.

— Tu n'auras pas besoin de te battre, lui répondis-je du tac au tac.

À l'instant même, je regrettai ma phrase.

Nous arrivâmes au pub en riant et en sautillant. En y pénétrant, je ne pus m'empêcher de penser à voix haute :

— Qu'est-ce qu'on est bien ici !

— Je savais que tu reviendrais, me taquina Judith.

Le barman nous fit de grands signes derrière le comptoir. Nous allâmes à sa rencontre, malgré le manque de place. L'affaire fut réglée en deux temps, trois mouvements ; il dégagea d'autorité deux clients pour nous libérer des tabourets. Sans nous consulter, il nous servit à chacune une pinte de Guinness. C'était l'ambiance pub du samedi avec un concert. Le groupe enchaînait les reprises pour le plaisir de tous. Nous nous joignîmes aux autres clients pour chanter à tue-tête. Je retrouvais cette ambiance que j'avais tant aimée… et dont je n'avais pas assez profité l'année précédente.

— J'ai une question hyper importante à te poser, me dit brusquement Judith.

— Je t'écoute.

— Félix est-il toujours gay ?

Je pouffai.

— Plus que jamais, finis-je par lui répondre.

— Merde ! Parce que c'est l'homme de ma vie, tu t'en rends compte, au moins ?

Elle me prit par le bras, et nous récupérâmes nos places au comptoir, où elle commanda notre troisième ou quatrième pinte, je commençais à ne plus savoir ! Le quart d'heure qui suivit, j'eus droit aux dernières aventures de Judith-qui-tombe-amoureuse-tous-les-jours. Mon téléphone sonna, interrompant notre conversation. C'était Olivier.

— Attends deux minutes, lui dis-je, avant de m'adresser à Judith. Excuse-moi…

Elle ricana gentiment et fit un signe de tête vers le coin fumeurs dehors. Je chopai mes cigarettes et traversai le pub, suivie de près par Judith, qui entama la conversation avec les autres fumeurs.

— Ça y est ! Je suis là.

— Tu es où ? Il y a un de ces bruits !

— Au pub avec Judith. Il y a un concert, comme tous les samedis soir.

— Tu as retrouvé ta copine ?

— Oui, on a passé une journée magnifique. Abby était heureuse, c'était génial !

— Tu te sens bien, là-bas…

Une pointe de culpabilité me traversa, j'avais oublié de l'appeler aujourd'hui, toute à ma joie de retrouver Judith.

— C'est vrai… et toi, comment vas-tu ?

— Très bien, ici, tout est OK. Là, je suis chez moi, et je glande tout seul. Je ne vais pas t'embêter plus longtemps…

— Tu ne me déranges pas, idiot !

— Fais la fête. Je voulais juste savoir si tu allais bien. C'est chose faite ! Je t'embrasse fort.

— Moi aussi. À demain, je te téléphone demain, promis.

Judith devait garder un œil sur moi, car elle fut à mes côtés sitôt mon téléphone rangé dans ma poche.

— Alors, comment va ton mec ?

— Très bien. On y retourne ?

En tant qu'invitées d'honneur, nous retrouvâmes encore une fois nos places au bar. Judith ne comptait pas lâcher l'affaire.

— C'est sérieux entre vous ?

— Je ne sais pas, je crois… oui… en fait, ça l'est…

— Et mon frère ?

— Quoi, ton frère ?

— Tu ne l'aimes plus ? N'essaye pas de me dire que tu ne l'aimais pas autrefois, je ne te croirais pas.

— Oh, Judith, s'il te plaît…

— Il faut bien qu'on l'ait, cette conversation !

Je soupirai.

— Je n'étais pas prête pour lui, je lui aurais fait encore plus de mal, un jour ou l'autre, si j'étais restée.

— Et maintenant ?

— Maintenant, il s'est passé plus d'un an. J'ai repris ma vie à Paris, chez moi, et j'ai rencontré quelqu'un avec qui je suis bien.

— Je comprends, je suis contente pour toi.

Elle finit d'une traite sa pinte, et commanda une nouvelle tournée. Non sans oublier de me lancer un regard en coin.

— Qu'est-ce que tu as à me dire ?

— Ça doit te faire drôle, tout de même, de le revoir !

— Ce n'est pas faux… Mais Judith, je t'arrête tout de suite, ne te fais pas de film…

— OK, OK ! Enfin… tu ne me feras pas croire que tu n'as pas envie de jouer la curieuse et d'en savoir un peu plus…

— Tu as raison… je m'inquiète pour lui…

— Tu n'es pas la seule !

— Je m'en doute…

— Il mérite mieux que d'être bloqué avec son fils ! Comment veux-tu qu'il refasse sa vie maintenant ?

— L'arrivée de Declan te pose problème ?

— Bien sûr que non. Comment ne pas l'aimer, ce gosse ? J'en ai simplement marre de voir mon frangin enchaîner les emmerdes. Il a la guigne ! Ce n'est pas un reproche, Diane… mais il en a sacrément chié après ton départ…

Je piquai du nez. J'eus un flash du moment où je lui avais annoncé que je le quittais. Je l'avais tellement fait souffrir.

— Il s'est lancé à corps perdu dans son boulot, il était tout le temps en vadrouille, il fuyait Mulranny, tout ce qui pouvait lui rappeler toi. C'était un mal pour un bien, il était vraiment en train de percer. Et puis, patatras, il tombe sur cette nana ! Sa première réaction a été de se voir comme le méchant de l'histoire… tu connais ses principes ! Heureusement, la mère de Declan était une fille bien, sérieuse, compréhensive. Elle n'en a jamais voulu à Edward d'être parti, elle l'a déculpabilisé, et apprivoisé, aussi, pour savoir si elle pouvait vraiment lui confier leur fils.

— Je la comprends, elle ne le connaissait pas, après tout !

J'avalai une grande rasade de bière et soupirai.

— Mais comment va-t-il vraiment ? Que pense-t-il de la situation dans laquelle il est ?

— Diane, tu vis au pays des Bisounours ou quoi ? Tu crois qu'il s'épanche sur ses états d'âme ?

Ce fut plus fort que moi, j'éclatai de rire.

— Tu vois que tu es curieuse ! enchaîna-t-elle, en riant à son tour.

— Tu as raison ! Tu es contente ?

— J'adore ! Écoute, ce que je peux te dire c'est qu'il a quand même légèrement déraillé quand il a eu les résultats du test de paternité. Ça faisait des années que je ne l'avais pas vu dans un état pareil !

— C'est-à-dire ?

— Il s'est pris une cuite monumentale, barricadé chez lui. À se demander comment il n'est pas tombé raide mort. J'ai dû passer par la fenêtre pour entrer. Et là, je l'ai écouté délirer pendant des heures… tout y est passé : notre père, la salope, la maladie d'Abby, et toi en long, en large et en travers ! Alors que ça faisait six mois que tu étais partie, et que personne n'avait le droit de prononcer ton prénom sans déclencher une guerre nucléaire. Il parlait de coups de téléphone de toi, de messages…

Je décrochai un bref instant ; cela correspondait à mes appels…

— Et maintenant ? lui demandai-je.

— Il est plus vivant grâce à son fils, il va lui consacrer sa vie… il l'aime comme un fou, mais ce qui le rendra toujours malade c'est d'avoir fait un enfant à une femme qu'il n'aimait pas.

— J'aimerais tant faire quelque chose pour lui…

— N'aie pas pitié de lui.

— Ça n'a rien à voir…

Elle eut un sourire en coin.

— Je sais bien, je te provoque… Tu as beau dire, il y aura toujours un truc entre vous, c'est comme ça. Vous avez fait vos choix, l'un comme l'autre. Toi, tu as quelqu'un. Et lui, il a son fils et ça lui suffit. Mais je pense que ça vous ferait du bien d'en parler… Allez, tournée !

Nouvelle pinte. Judith avait mûri, elle était beaucoup plus responsable et lucide qu'avant. Ce qui ne l'empêcha pas de me faire danser sur les rythmes endiablés de la musique traditionnelle.

La fermeture du pub se préparait. Heureusement, nous étions à cinq minutes à pied de chez Abby et Jack. Aussi pompettes l'une que l'autre, nous parcourûmes le chemin bras dessus, bras dessous. Je dessaoulai en moins de deux secondes en découvrant la voiture d'Edward toujours garée devant la maison.

— Qu'est-ce qu'il fout encore là ? brailla Judith tout en étouffant un rot, avec sa grande classe légendaire.

Nous entrâmes à pas de loup et nous dirigeâmes vers le séjour. Une petite lumière était allumée sur un guéridon. Je finis par distinguer la silhouette d'Edward ; il était assis sur le canapé, les pieds sur la table basse, un verre dans une main, l'autre posée sur le dos de son fils, qui dormait la tête sur ses genoux.

— Pourquoi tu es encore là ? lui demanda Judith.

Il ne prit pas la peine de se tourner vers nous pour répondre.

— Declan a fait une crise d'angoisse quand il a compris qu'il ne vous reverrait pas. Le seul moyen de le calmer a été de lui promettre de vous attendre. Il a fini par s'endormir.

— Tu aurais dû nous appeler, lui dis-je en m'approchant.

— Merci, Diane, mais je ne voulais pas foutre en l'air votre soirée.

Judith s'agenouilla près d'eux et jaugea le faible niveau de la bouteille de whisky. Elle fit un clin d'œil à son frère, qui esquissa un sourire triste.

— Laisse-le-nous pour la nuit, je vais le prendre avec moi. Va dormir dans ton lit, pour une fois. On te le ramènera demain midi.

— Ça va peut-être t'étonner, mais je ne vais pas refuser.

Judith se releva, Edward prit son fils dans ses bras et se leva à son tour. Declan s'accrocha à son cou.

— Papa ?

— Judith et Diane sont là, tu vas dormir dans le lit de Judith.

Je les regardai monter l'escalier tous les trois. Leur vie était si éloignée de la mienne. Pour m'occuper, je ramassai le verre et la bouteille et allai les déposer dans la cuisine. Je m'appuyai contre l'évier, et bus un verre d'eau. Je sursautai en entendant la voix d'Edward :

— Je m'en vais.

Je me tournai, il m'envoya son paquet de cigarettes à travers la pièce, lui-même en ayant déjà une entre les lèvres. Je compris le message et le suivis. Une fois dehors et servie, je lui rendis son paquet. Il planta ses yeux dans les miens et alluma un briquet pour moi ; je m'approchai de la flamme, en me disant de ne pas me brûler les ailes. Ensuite, il fit quelques pas dans le jardin, avant de revenir à nouveau vers moi. Il fouilla dans sa poche et en sortit ses clés de voiture, qu'il me tendit. Par réflexe, je les saisis.

— Tu pourras me ramener mon fils avec ma voiture demain ?

— Tu ne vas pas rentrer à pied, tout de même ? Tu en as pour une demi-heure au moins !

— J'ai trop bu, je ne veux pas prendre le volant… ça va me faire du bien de prendre l'air.

Il riva son regard au mien de longues secondes. Tant de tristesse s'en dégageait, mais avec toujours une pointe de colère. Rien ne l'apaiserait jamais.

— Bonne nuit, Diane.

— Fais attention à toi en rentrant.

Je suivis sa silhouette du regard jusqu'à ce qu'elle disparaisse dans la nuit. Je balançai mon mégot dans le cendrier, et entrai dans la maison que je fermai à clé. Je gagnai l'étage, remuée, mal à l'aise. La porte de la chambre de Judith s'entrouvrit sur elle.

— Il dort toujours ? chuchotai-je.

— Comme une souche. À part nous demander de ramener sa caisse, il t'a dit quoi ?

— Rien.

— C'est bien ce que je disais, vous devriez vous parler…

— Bonne nuit, Judith.

Je me glissai sous la couette, sachant que le sommeil serait long à venir. Des images d'Edward partant seul dans la nuit tournaient en boucle dans mon esprit, sans oublier le regard qu'il m'avait lancé. Judith avait raison, il y aurait toujours un lien entre nous, lien que nous devrions démêler au plus vite pour pouvoir avancer l'un et l'autre.

À croire que ce séjour en Irlande était fait uniquement pour m'apprendre ce qu'était une famille. En descendant pour le petit déjeuner, je découvris Abby, en robe de chambre, s'activant pour nous servir un *irish breakfast ;* ça sentait le bacon, les œufs, les toasts grillés. Jack, Judith et Declan étaient autour de la table, il ne manquait plus que moi. Pourtant, quelque chose n'allait pas, c'était palpable.

— Attends, je vais t'aider, proposai-je à Abby.

— Non, ma petite chérie, je ne suis pas impotente !

— Ne te fatigue pas, elle m'a déjà rembarrée, m'apprit Judith.

— Diane, m'appela Declan, la voix sanglotante.

Je le regardai plus attentivement, son expression de détresse me déchira. Il se leva, et s'approcha de moi. Sans réfléchir, je m'accroupis à son niveau.

— Que t'arrive-t-il ?

— Il revient quand, papa ? Pourquoi il n'est pas là ?

— Judith a déjà dû t'expliquer, non ?

— Il ne nous croit pas, me précisa-t-elle.

— Declan, ton papa est à la maison, il dort, il était fatigué.

— C'est vrai ?

— Je te le promets.

Il se jeta sur moi et s'accrocha à mon cou. Je retins ma respiration. Cet enfant me poussait au-delà de mes limites. Sauf que j'étais adulte, j'avais normalement des capacités à maîtriser mes angoisses, contrairement à lui. En tout cas, il semblait que j'étais en train de retrouver ces capacités, et que j'étais en mesure de le soutenir.

— Regarde-moi, Declan.

Il s'écarta très légèrement de moi. J'eus l'impression de croiser le regard de son père. Je chassai cette image de mon esprit et me concentrai sur l'enfant qu'il était. J'essuyai ses joues avec mes mains.

— Il n'est pas parti. On va le retrouver après le petit déjeuner, ça te va ?

Il hocha la tête.

— Viens à table.

D'instinct, il s'assit à côté de moi. Les assiettes étaient servies, les tasses remplies. Declan restait recroquevillé sur lui-même.

— Tout va bien, je te l'ai dit. Fais-moi confiance. Mange, maintenant.

Durant notre petite conversation, je n'avais pas prêté attention à ce qui se passait. Tout le monde nous fixait. Abby me sourit doucement. Je fis le choix de ne pas réagir et plantai ma fourchette dans mes œufs brouillés.

Une heure plus tard, Judith me laissa conduire le Range. En me garant devant le cottage d'Edward, je l'aperçus sur la plage avec son chien, une cigarette aux lèvres. Declan était surexcité à l'arrière de la voiture, et Judith ouvrit sa portière à toute vitesse. Il fila comme l'éclair en courant vers son père, qui se retourna en l'entendant l'appeler. Declan sauta dans ses bras, Edward le souleva, et le serra contre lui. Puis il le reposa, se mit à sa hauteur, lui ébouriffa les cheveux et engagea la conversation. Declan faisait de grands gestes pour lui expliquer quelque chose, pendant que Postman Pat jappait autour d'eux. Edward, tout en calmant le chien, souriait à son fils, un vrai sourire comme il était capable d'en faire, il était heureux, soulagé. Assister à cette scène me bouleversa, ils étaient si beaux tous les deux, et touchants. Edward était vraiment devenu un père, je n'avais plus de doutes. Il était gauche, pudique, mais viscéralement attaché à son enfant. À cet instant, je sentais que plus rien d'autre ne comptait pour lui que d'avoir retrouvé son petit garçon. Comme je le comprenais… Il devait vraiment être épuisé pour nous l'avoir laissé la nuit passée. La séparation semblait aussi difficile pour l'un que pour l'autre. Je restai en retrait le temps que mes larmes refluent, tandis que Judith les rejoignait. Le frère et la sœur échangèrent une accolade. Je marchai lentement vers eux. Judith s'éloigna en courant sur la plage, rapidement suivie par Declan et Postman Pat. On pouvait se demander, de la tante ou du neveu, qui était l'enfant. J'arrivai près d'Edward et lui tendis ses clés de voiture. Une nuit ne suffirait pas à le requinquer.

— Je ne te l'ai pas abîmée.

— Je te fais confiance. On marche un peu ?

— Oui.

Nous parcourûmes plus de cent mètres sans dire un mot, les mains dans les poches ; j'entendais au loin les cris joyeux de Declan et les aboiements du chien.

— Viens, on va se mettre là, c'est le point de vue idéal pour assister au cirque de Judith.

Nous nous assîmes côte à côte sur un rocher qui surplombait la plage.

— Comment savoir s'il va bien ?

Je le regardai, il fixait intensément son fils.

— Quand tu le prends dans tes bras comme ce matin, il va bien, il sait qu'il a un père. Quand il n'arrive pas à s'endormir parce qu'il veut sa mère, il va très mal.

— Je suis vraiment désolé que tu aies eu à vivre ça.

— Arrête, ce n'est pas ça l'important.

— Que lui as-tu dit ? C'est la seule nuit où il n'a pas fait de cauchemars depuis qu'il est avec moi.

— Pas grand-chose, je lui ai simplement parlé de Clara. C'est tout.

Ma voix flancha légèrement, j'allumai une cigarette en tremblant. Edward me laissa quelques minutes pour me reprendre avant de poursuivre :

— Depuis qu'on se connaît, tu es la seule à ne pas

chercher à m'épargner, alors je compte sur toi. Dis-moi ce que je fais de mal avec lui ? Je veux qu'il aille bien, qu'il oublie, je ne veux pas qu'il finisse comme moi.

Ma main attrapa la sienne et la serra, comme si elle agissait en parfaite indépendance de mon esprit.

— Il n'oubliera jamais, mets-toi bien ça dans la tête. Une maman, comme un enfant, ça ne s'oublie pas. Tu ne fais rien de mal avec lui. Tu apprends, c'est tout. Je n'ai pas de conseil à te donner. Tous les parents font des erreurs. Donnez-vous le temps de vous apprivoiser. La seule chose que je sais, c'est que Declan te regarde comme un demi-dieu, et qu'il est terrifié à l'idée de te perdre. Je te connais… tu n'es pas un grand bavard, mais rassure-le tant que tu peux. Passe du temps avec lui… apprends-lui la photo, c'est magique pour lui quand tu as ton appareil entre les mains, enfin, c'est ce que j'ai vu hier… Et… s'il finit comme toi, il aura beaucoup de chance.

Une dernière pression autour de sa main, et je la lâchai. Je me levai, descendis du rocher, et m'approchai des vagues. Je regardai Judith et Declan au loin, consciente de la présence d'Edward dans mon dos. Je soufflai un grand coup. Le vent fouettait mon visage. Décidément, je ne reviendrais pas indemne de ce séjour.

— Tu pars quand ? me demanda-t-il, alors que je ne l'avais pas entendu arriver derrière moi.

— Après-demain.

— On passera te dire au revoir après l'école.

— Si tu veux.

Il s'éloigna, je le suivis des yeux tandis qu'il récupérait son fils et son chien. Ils grimpèrent en voiture et démarrèrent dans un nuage de poussière. Judith me rejoignit, et me prit par le cou en appuyant sa tête sur la mienne.

— Ça va ?
— On va dire que oui.

Le reste de la journée passa à toute vitesse. Avec Judith, nous savions que le temps nous manquait. Elle utilisa la meilleure défense contre le cafard : le rire. Lors du déjeuner chez Abby et Jack, elle assura le spectacle en racontant des âneries. Je l'accompagnai à sa voiture lorsqu'il fut l'heure pour elle de reprendre la route pour Dublin.

— On évite de passer un an sans se donner des nouvelles ?

— J'aurais bien envie de venir te voir à Paris, mais avec Abby, j'aurais peur de rompre ma promesse. Alors…

— Je te téléphonerai, lui répondis-je. Tiens-moi au courant pour sa santé.

— Ça, je peux faire.

L'armure de Judith se fendilla ; elle leva les yeux au ciel, elle échoua à dissimuler ses larmes. Je la pris dans mes bras.

— Ça va aller, tu vas tenir le coup, lui dis-je à l'oreille.

— Tu es vraiment con, toi ! Tu arrives à me faire pleurer… Tu sais, peu importe avec qui tu fais ta vie… tu es ma…

— Je sais… c'est pareil pour moi…

Elle se détacha, se tapota les joues, et leva les pouces.

— Allez, Judith, on se reprend, tu n'es pas une fillette ! s'admonesta-t-elle. Quand faut y aller, faut y aller !

— Sois prudente sur la route.

Elle fit un salut militaire, monta dans sa voiture et fila.

Je consacrai ma dernière journée à Abby. Elle me demanda si j'accepterais de lui faire les ongles et un brushing ; elle avait encore envie d'être coquette, et n'osait pas demander ça à Judith, par pudeur. Elle avait remarqué que je prenais à nouveau soin de moi et estimait que j'étais parfaite pour cette tâche. Cette intimité entre femmes nous rapprocha davantage. Nous étions installées dans leur chambre. Des photos d'Edward et de Judith enfants ornaient le dessus des commodes. Les voir en uniforme scolaire me fit sourire.

— Es-tu heureuse d'être venue nous voir ? me demanda Abby alors que je lui posais son vernis, toutes deux assises sur son lit.

— Oh, que oui ! Sois tranquille.

— Et avec Edward ?

— Ils vont passer me dire au revoir après l'école, enfin, c'est ce qu'il m'a dit hier…

— Et c'est tout ?

— Bah oui…

Nous fûmes interrompues par Jack, qui m'appelait du rez-de-chaussée. Declan et son père venaient d'arriver, justement. Il était l'heure des au revoir. Abby m'accompagna en me tenant par le bras, je sentais ses yeux scrutateurs sur moi. En bas de l'escalier, elle me lâcha pour s'asseoir dans son fauteuil, échangeant avec Jack un coup d'œil qui ne présageait rien de bon.

— Salut, me contentai-je de dire à Declan et à Edward.

Je fuis le regard du père et décidai d'affronter plutôt celui du fils, qui s'approcha de moi pour me faire un bisou.

— C'était bien l'école aujourd'hui ?

— Oui !

— Approche-toi, fiston, j'ai quelque chose à te montrer, l'apostropha Jack.

Declan s'exécuta. Je n'eus d'autre choix que de me tourner vers Edward.

— Bon retour à Paris, me dit-il sobrement.

— Merci.

— C'est quand même dommage que vous ne vous soyez pas plus vus, tous les deux, glissa subtilement Abby.

— C'est vrai, ça ! intervint Jack à son tour. Les enfants, vous ne voulez pas aller au pub tous les deux, ce soir ? On peut garder Declan.

Nous nous regardâmes dans les yeux.

— Tu en as envie ? me demanda Edward.

— Euh… oui, avec plaisir…

— Papa ?

Nous n'avions pas remarqué que Declan s'était à nouveau rapproché de nous.

— Tu pars, papa ?

Les épaules d'Edward s'affaissèrent, il passa la main dans les cheveux de son fils en lui souriant.

— Non… ne t'inquiète pas, on va rentrer… Diane, je suis désolé… ce n'est que partie remise…

Nous savions l'un comme l'autre que c'était faux.

— C'est normal, je te comprends.

— Ou alors… Tu veux venir dîner chez nous ?

— Oh…

Mon regard se tourna automatiquement vers Abby et Jack, comme si j'avais besoin de leur autorisation. Ils me fixaient avec toute la douceur et la bienveillance qui les habitaient.

— Ne te gêne pas pour nous.

— Tu viens manger à la maison ? insista Declan. Dis oui !

J'aperçus le regard tendre d'Edward pour son fils. Ce fut ce qui me fit flancher.

— D'accord, je viens.

— À tout à l'heure, me dit Edward. Declan, on y va ?

Ils embrassèrent Abby et Jack, et se mirent en route. Je restai de longues minutes immobile, debout au milieu du séjour.

— Viens là, ma petite fille, m'appela Abby, ce qui eut le mérite de m'extirper de mes songes.

Je m'avachis sur le canapé, elle changea de place et vint à côté de moi en prenant ma main dans la sienne.

— Qu'est-ce que vous me faites faire tous les deux ? Vous êtes de vrais intrigants !

Jack éclata de rire.

— C'est surtout elle, me dit-il, en désignant sa femme.

— Tu n'es pas mieux ! lui rétorquai-je du tac au tac en souriant. À quoi cela va-t-il servir ?

— À mettre les choses à plat, me répondit Abby.

— Peut-être, mais c'était notre dernière soirée ensemble.

Elle tapota le dessus de ma main.

— Diane, tu n'aurais pensé qu'à eux si tu étais restée avec nous, tu le sais au fond de toi. Et nous avons bien profité… Ne t'inquiète pas… Et puis, quand tu es avec eux, c'est un peu comme si tu étais avec nous, en plus, tu leur fais du bien…

J'appuyai la tête sur son épaule et profitai de sa chaleur maternelle.

— Vous allez me manquer… terriblement…, murmurai-je.

Jack, qui était derrière le canapé, posa sa main d'une façon toute paternelle sur ma tête.

— Toi aussi ma petite Française, mais tu reviendras…

— Oui…

Je me lovai plus étroitement contre Abby.

Une heure plus tard, je les quittai en leur promettant de profiter de la soirée sans me préoccuper d'eux. Arrivée à proximité du cottage, je décidai de faire une dernière balade sur la plage avant de rejoindre Edward et son fils. Je voulais m'imprégner encore une fois de la mer, de cette vue, de ce vent. M'aérer me ferait le plus grand bien. Je ne savais pas quoi penser de cette soirée qui s'annonçait. Dîner avec Declan et Edward avait quelque chose de troublant, je pénétrais dans leur intimité, et j'avais peur que leur quotidien ne me saute à la figure. Force était de constater qu'Abby, Judith, et Jack – même s'il ne le verbalisait pas – avaient raison : nous avions besoin de crever l'abcès, pour passer véritablement à autre chose. Nous devions rompre une relation qui n'avait pas eu la possibilité de commencer et qui ne commencerait jamais.

Alors que je remontais vers leur cottage, je reçus un SMS d'Olivier : « Bonne dernière soirée en Irlande, à demain, je t'embrasse fort. »

« Merci… j'ai hâte de te retrouver. Je t'embrasse », lui répondis-je avant de frapper à la porte.

Declan m'ouvrit, tout sourires, en pyjama. Il me prit par la main et m'entraîna dans le séjour ; j'avais du mal à avancer ; Postman Pat me faisait la fête lui aussi. La télévision était allumée sur la chaîne de dessins animés ; Edward, derrière le bar de sa cuisine, préparait le dîner. Il me jeta un coup d'œil – impossible de deviner son état d'esprit.

— Tu as dit au revoir à la plage ?

— Oui…
— Diane, tu viens ?
Declan tirait toujours sur mon bras.
— J'arrive, laisse-moi deux minutes.
Il haussa les épaules et sauta sur le canapé avec son chien. Je m'installai au bar, en face d'Edward.
— Tu n'étais pas obligé de m'inviter ce soir.
— Tu m'as déjà vu me forcer ? rétorqua-t-il, sans me regarder.
— Je peux t'aider à faire quelque chose ?
Il planta ses yeux dans les miens.
— Lire une histoire à Declan pendant que je finis de préparer le dîner ?
— On va plutôt faire le contraire, c'est mieux pour vous deux.
— Tu ne vas quand même pas faire la cuisine !
— Pas de ça entre nous… la politesse ne nous va pas.
Je fis le tour du bar, lui retirai la cuillère en bois des mains, et le poussai vers le séjour. Il secoua la tête avant de récupérer un livre dans le cartable de son fils. Declan essaya de râler, l'expression de son père le dissuada d'insister. Bercée par le mélange de la petite voix et de la rauque, je finis le repas et mis le couvert. Edward prenait son temps pour s'assurer que Declan comprenait tout, sa patience m'époustoufla. Lorsque le dîner fut prêt, je passai devant eux sans les interrompre et sortis sur la terrasse pour fumer. Deux minutes plus tard, la baie vitrée s'ouvrit, Edward me rejoignit, cigarette aux lèvres.
— J'espère que tu ne m'en voudras pas, j'ai dû lui promettre que tu mangerais à côté de lui.
— Pas de problème.
La conversation s'arrêta là. On n'entendait que le

bruit du tabac qui se consume, à travers celui du vent et des vagues. Il était encore trop tôt pour ouvrir les vannes. De toute façon, Declan ne nous laissa pas le temps de nous décoincer. Il vint nous chercher, son estomac criait famine.

À table, il assura la discussion ; il fit un monologue sur ses histoires avec les copains à l'école avant de s'adresser directement à moi.

— Tu pars demain ? C'est vrai ?

— Oui, je prends l'avion.

— Pourquoi ? C'est pas juste…

— J'étais en vacances ici, j'habite à Paris, je travaille là-bas. Tu te souviens ?

— Oui… Papa, on pourra aller voir Diane un jour ?

— On verra.

— Mais ! Pendant les vacances !

Le visage d'Edward se ferma.

— Declan, lui dis-je. Tu as toute la vie pour venir me voir à Paris. D'accord ?

Il ronchonna, finit son yaourt, et alla jeter le pot vide à la poubelle sans dire un mot. Puis il s'installa sur le canapé en boudant. Edward le surveillait, tendu, inquiet. Il se leva de table à son tour et s'assit en face de son fils. Il lui passa la main dans les cheveux.

— Tu te souviens qu'Abby est malade, il faut qu'on s'occupe d'elle et qu'on aide Jack, c'est pour ça que je ne peux pas t'emmener à Paris voir Diane.

— Mais toi, tu y es allé…

— C'est vrai, mais je n'aurais pas dû…

Declan baissa la tête, Edward inspira profondément.

— Maintenant, il faut aller au lit.

Son fils redressa la tête brusquement.

— Non ! Papa, je ne veux pas y aller !

L'angoisse l'envahit et le défigura.

— Tu n'as pas le choix. Il y a école demain.

— S'il te plaît, papa ! Je veux rester avec vous.

— Non. Va dire au revoir à Diane.

Il sauta du canapé et fonça sur moi pour s'accrocher à ma taille en pleurant. Je respirai profondément. Edward me fixa, désemparé, avant de se prendre la tête entre les mains.

— Diane, je veux pas aller au lit, je veux pas, je veux pas…

— Écoute-moi, ton papa a raison. Il faut aller dormir.

— Non, sanglota-t-il.

Je regardai Edward ; il n'en pouvait plus, il n'avait pas l'énergie de se battre. Ils avaient besoin d'un coup de main, et j'étais là…

— Tu veux que je vienne avec toi, comme l'autre jour ?

Il me serra plus fort encore : sa réponse était claire.

— On y va.

Il prit la direction de l'étage sans un regard pour son père.

— Tu oublies quelque chose ! le rappelai-je à l'ordre.

Il fit demi-tour et courut dans les bras d'Edward. Je les laissai seuls et montai dans sa chambre. J'entendis ses petits pas dans l'escalier ainsi que son brossage de dents. Pendant ce temps-là, j'allumai sa veilleuse, retapai son lit qui n'avait pas été fait, et récupérai l'écharpe de sa mère cachée sous le matelas. Lorsqu'il arriva dans sa chambre, il se glissa sous la couette. Je m'agenouillai à côté de son lit, lui caressai le front et le visage.

— Declan, papa fait tout ce qu'il peut pour toi… il sait que tu as mal… il faut que tu l'aides, c'est compliqué ce que je te demande… mais tu dois le laisser dormir dans son lit. Tu es un petit garçon courageux…

ton papa ne te laissera jamais… Quand tu dors, il est toujours à la maison… Tu me promets d'essayer ?

Il hocha la tête.

— As-tu envie que je chante la berceuse ?

— Tu reviens quand ?

Je penchai la tête sur mon épaule en esquissant un sourire.

— Je ne sais pas… je ne peux rien te promettre.

— On se reverra ?

— Un jour… Dors, maintenant.

Je chantai la berceuse à plusieurs reprises en continuant à lui caresser les cheveux. Ses petits yeux luttèrent un temps avant de se fermer. Il était épuisé, lui aussi. Quand je le sentis en paix, je lui embrassai le front et me relevai. Avant de refermer la porte, je le regardai une dernière fois en soupirant.

Dans le séjour, toute trace du dîner avait disparu, la baie vitrée était entrouverte, un feu flambait dans la cheminée, Edward se tenait au rebord, cigarette aux lèvres, et dégageait une tension extrême.

— Il dort, chuchotai-je. J'ai essayé de lui faire comprendre que toi aussi, tu devais dormir dans ton lit.

Il ferma les yeux.

— Je ne pourrai jamais assez te remercier.

— Ce n'est pas nécessaire… mais si tu as des Guinness dans ton frigo, ce ne serait pas de refus. J'en boirais bien une dernière avant de rentrer à Paris.

— Tu ne peux pas en boire en France ? se dérida-t-il.

— Je suis certaine qu'elle n'a pas le même goût qu'ici.

Quelques minutes plus tard, il me tendait une pinte. Nous ne trinquâmes pas. Edward s'assit sur le canapé. Tout en restant près de la cheminée, j'allumai une cigarette. Je faisais en sorte de ne pas le regarder alors même que je sentais qu'il me fixait. Je remarquai un catalogue sur une étagère. La curiosité fut plus forte.

— C'est ton book ?

— Exact.

— Je peux ?

— Si ça te fait plaisir.

Je balançai mon mégot dans le feu, me débarrassai de ma pinte sur la table basse, saisis l'objet de ma convoitise et m'installai dans un fauteuil en face de lui. Je commençai à feuilleter l'album avec la plus grande précaution. Les premières photos m'interloquèrent.

— Ce sont les îles d'Aran, au début ?

— Tu as une bonne mémoire.

Mon ventre se tordit en reconnaissant ma silhouette sur une des prises de vue.

— Comment pourrais-je oublier ? dis-je tout bas.

Je poursuivis ma découverte. Son humeur était palpable sur chaque cliché. J'avais l'impression qu'il racontait une histoire avec son book, un roman-photo dans le sens littéral du terme. Le début était lumineux, aéré, on respirait dans les paysages qu'il nous faisait découvrir. Mais ensuite, l'atmosphère devenait plus oppressante : le ciel toujours sombre, obscurci par des nuages noirs, la mer déchaînée, les bateaux malmenés dans la tempête. Et puis, progressivement, c'était comme si les poumons s'ouvraient à nouveau, un rayon de soleil frappait la mer, avant d'illuminer le ciel. La dernière représentait l'ombre d'une silhouette d'enfant courant sur la plage, les vagues léchant les pieds du protagoniste, ou plutôt, devrais-je dire, de Declan. Le book d'Edward était son histoire, ce qu'il avait traversé ces derniers mois. Comme s'il avait cherché à exorciser les épreuves et à tourner la page avec ses photos. Complètement absorbée par cette

« lecture », je n'avais pas remarqué qu'il s'était levé et était retourné près de la cheminée, me tournant le dos. Je rangeai son book à sa place, et bus ma Guinness pour me remettre de mes émotions. Je pris mon courage à deux mains et me rapprochai de lui.

— Edward… je regrette d'être partie comme ça, brutalement. Ce n'était pas correct vis-à-vis de toi. Excuse-moi…

Il se retourna et vrilla ses yeux aux miens.

— N'aie pas de regret, commença-t-il durement. C'est une bonne chose que tu aies rencontré mon fils, tu connais mes priorités, maintenant. Tu t'es construit une nouvelle vie avec Olivier, j'en suis heureux.

Sa voix flancha légèrement, un nœud se formait dans ma gorge. Son regard se fit plus intense, son ton s'adoucit quand il poursuivit :

— Tu as pris la bonne décision à l'époque. Declan est là… Nous n'avions pas d'avenir ensemble.

Il avait raison sur toute la ligne : nous aurions fini par nous séparer. Plusieurs secondes passèrent sans que nous bougions. J'inspirai profondément.

— Il se fait tard, je vais rentrer, maintenant, c'est mieux.

— On s'est tout dit.

— Je crois… oui.

Il me suivit dans l'entrée.

— Je t'accompagne à ta voiture.

— Si tu veux.

Une bourrasque de vent nous saisit ; il faisait nuit noire. J'ouvris ma portière, balançai mon sac à main sur le siège passager.

— On te tiendra au courant pour Abby, avec Judith.

— Merci… prends soin de toi, Edward.

— Je vais essayer…

Je montai dans ma voiture, sans rien ajouter de plus. Nous échangeâmes un dernier regard : c'était fini. Il s'alluma une cigarette, et attendit que je file avant de rentrer chez lui.

Abby et Jack étaient couchés lorsque j'arrivai chez eux. Je montai dans ma chambre, fis discrètement ma valise, et me couchai, sachant pertinemment que le sommeil tarderait à venir. Le soulagement et la tristesse se disputaient la première place dans ma hiérarchie d'émotions. La situation était désormais claire entre Edward et moi : j'avais coupé le cordon avec lui. La joie de retrouver Olivier compensait ce sentiment d'inachevé. Notre histoire avec Edward était une non-histoire. Je finis par sombrer.

Le réveil fut difficile ; le cafard m'étreignit sitôt que j'ouvris les yeux. Après m'être douchée et habillée, je retirai les draps de mon lit pour les mettre dans la machine à laver. Une fois ma chambre rangée, je descendis, armée de mon sac de voyage. Abby m'accueillit avec un grand sourire et un copieux petit déjeuner. J'allais me forcer pour elle, au pire, je vomirais sur la route. Je l'embrassai sur les deux joues.

— Vous avez passé une bonne soirée ? lui demandai-je.

— Bien sûr. Et toi, avec Edward et Declan ?

— C'était très bien.

— Tu ne veux pas en parler ?

— Il n'y a pas grand-chose à dire…

— Elle te comprend, intervint Jack. N'est-ce pas, Abby ?

— Viens donc prendre des forces pour la route, me dit-elle en me prenant par le bras.

Nous avions beau essayer de mettre de la gaieté dans ce dernier repas partagé, c'était un échec.

— Tu as besoin de quelque chose pour le voyage ? À manger ? À boire ?

— Je te remercie, Abby, mais non… j'y vais… plus on attendra, pire ça sera…

Jack se leva le premier. Il prit toutes mes affaires et sortit. Abby et moi nous regardâmes.

— Tu m'aides, ma petite chérie ?

Je me précipitai de l'autre côté de la table pour lui prendre le bras. Tout en marchant, elle me tapotait la main. Je retenais mes larmes. La voiture arriva trop vite. Jack s'approcha de moi, et ouvrit grands les bras.

— Ma petite Française, soupira-t-il en me serrant contre lui. Fais bien attention à toi.

— Promis, reniflai-je.

— Elle t'attend.

Il me lâcha, tira un immense mouchoir de sa poche avec lequel il se frotta les yeux et le nez. Je me tournai vers Abby, qui me caressa la joue.

— On s'est tout dit, ma petite fille.

Je hochai la tête, incapable de prononcer le moindre mot.

— Promets-moi une dernière chose : ne sois pas triste quand je ne serai plus là, ne pleure pas. Que nos retrouvailles ne soient pas gâchées, nous avons eu notre temps pour nous préparer.

Je levai les yeux au ciel avant de les essuyer et de souffler un grand coup.

— Ne me fais pas mentir quand je dirai à ton Colin et à ta Clara que tu vas bien, que tu es heureuse, et qu'ils peuvent être fiers de toi. C'est compris ?

En guise d'adieu et de promesse, je la serrai fort dans mes bras, et lui murmurai à l'oreille que je l'aimais comme une mère. Elle me caressa la joue, des larmes dans les yeux, avant de me lâcher. Je grimpai dans la voiture sans les regarder, et partis sans me retourner. Je roulai une dizaine de kilomètres avant de m'arrêter sur le bas-côté pour pleurer tout mon saoul.

C'est à se demander comment je réussis à rejoindre l'aéroport de Dublin sans provoquer d'accident. Je ne cessai de pleurer durant les quatre heures de route, je pleurais encore en rendant ma voiture de location, en enregistrant mes bagages, en passant les contrôles de sécurité, en écrivant un texto à Olivier une fois assise dans l'avion. Lorsqu'il décolla, j'eus le sentiment d'être déchirée, qu'on m'arrachait à ma terre. Pourtant, je pris sur moi en tentant de me calmer. L'homme qui m'attendait à Paris ne méritait pas de me voir dans cet état. Pour me recomposer un visage le plus serein possible ou, devrais-je dire, le moins bouffi possible, je descendis parmi les derniers passagers, fis une halte aux toilettes où je m'aspergeai d'eau froide et me maquillai, avant de récupérer ma valise sur le tapis roulant. Les portes de la douane s'ouvrirent ; il était là, souriant, apaisant, prêt à m'accueillir. Je courus et me propulsai dans ses bras, non pour me forcer ou simuler la joie, mais parce que j'avais envie de m'y trouver. La douleur d'avoir quitté Mulranny ne me quitta pas, elle ne me quitterait jamais, je le savais, mais je respirais un peu mieux auprès d'Olivier.

– 8 –

La vie reprit son cours dès le lendemain matin. J'avais dormi chez Olivier, la nuit avait été réparatrice. Il me raccompagna et monta mon sac de voyage chez moi, pendant que je retrouvais *Les Gens*. Je n'avais pas eu besoin de lui demander de me laisser seule, il l'avait compris de lui-même. Premier soulagement : tout était intact. Félix n'avait rien saccagé durant mon absence et c'était propre. Il avait dû sacrément prendre sur lui et exigerait sans doute des récupérations, ou une prime ! Second soulagement, et non des moindres : je m'y sentais bien, et j'étais excitée à l'idée de reprendre le travail. Mon séjour en Irlande n'avait pas brisé le cordon entre *Les Gens* et moi. Olivier frappa à la porte de derrière, j'allai lui ouvrir.

— Merci, lui dis-je avant de l'embrasser. Tu as le temps de prendre un café avec moi ?

— Quelle question !

Nous nous installâmes au bar, côte à côte. Olivier me tourna vers lui, me caressa la joue et prit une de mes mains.

— Tu vas bien ?

— Oui, je te le promets.

— Tu ne regrettes pas, alors ?

— Pas une seule seconde.

— Tant mieux… et le petit garçon ?

— Oh… Declan… j'ai géré, mieux que je ne le pensais.

— Peut-être parce que tu connais son père.

— Et toute sa famille… Je ne sais pas… il est attachant… Enfin… il va encore souffrir. Abby a pris la place de sa grand-mère… Quand elle va partir…

Ma voix flancha.

— Ne pense pas à ça.

— Tu as raison.

— Le principal, c'est que tu aies renoué avec tes amis. À toi d'entretenir le lien, maintenant.

Il finit son café et se prépara à partir.

— Je n'ai plus le choix !

C'est blottie contre lui que je l'accompagnai dans la rue.

— Tu veux te faire un ciné, ce soir ? me proposa-t-il.

— Pourquoi pas ! Mais on dort chez moi.

— OK.

Il m'embrassa et prit le chemin de son cabinet.

Comme je l'imaginais, Félix s'octroya une partie de la journée. Il arriva sans se presser vers 15 heures.

— La patronne fait fuir les clients ! Il y avait plus de monde quand j'étais à la barre.

— Moi aussi, je suis contente de te voir, Félix !

Il claqua un baiser sur ma joue, se servit un café et s'accouda au bar en m'observant.

— Que fais-tu ? lui demandai-je.

— L'état des lieux…

— Verdict ?

— À l'extérieur, tu passes le contrôle technique. Tu as dû tellement pleurer hier que tu es tombée comme une merde en te mettant au lit. Ce qui te permet d'exhiber tes couleurs et pas tes yeux explosés. À l'intérieur, par contre… c'est moins sûr que tu sois en état de marche…

— Effectivement, je ne vais pas te cacher que ç'a été violent de dire au revoir à Abby. Je ne la reverrai jamais… tu comprends ça ?

Il hocha la tête.

— Quant au reste, je suis en pleine forme, j'ai pris le grand air, je me suis marrée avec Judith. Bref, que du bonheur !

— Et Edward ?

— Quoi, Edward ? Il va comme il peut, on a tout mis à plat. C'est une bonne chose.

— Tu veux dire que tu n'as pas succombé à son charme bourru et sauvage pour la seconde fois !

— Félix, il est père de famille.

— Justement. Je veux bien me transformer en nounou, il doit être foutrement sexy avec son gamin !

Je levai les yeux au ciel.

— Tu oublies un détail : j'ai Olivier, j'aime Olivier.

— Bonne mise au point, me voilà rassuré !

Les semaines qui suivirent, le train-train quotidien reprit sa marche ; *Les Gens* tournaient à la hauteur de mes espérances, Félix était en pleine forme et je me sentais bien avec Olivier. Le truc en plus : j'avais une fois par semaine Abby et Judith au téléphone. Et ça me remplissait de joie, comme si je comblais un manque.

Nous étions vautrés devant la télévision, chez Olivier. Je somnolais dans ses bras, absolument pas intéressée par le film qui le captivait.

— Va te coucher, finit-il par me dire.

— Ça ne t'ennuie pas ?

— Es-tu bête !

Je l'embrassai dans le cou et fis un passage express par la salle de bains avant de me mettre au lit. Je n'étais pas complètement endormie lorsque Olivier se glissa sous la couette à son tour, et m'attira contre lui.

— Tu n'as pas regardé la fin ?

— Je la connaissais déjà. Tu as mis le réveil ?

— Merde !

— Quoi ?

— J'ai encore oublié mon sac sous le comptoir des *Gens*. Il faut que je repasse me changer chez moi avant d'ouvrir.

J'attrapai mon téléphone sur la table de nuit et mis l'alarme vingt minutes plus tôt. Je râlais encore en me rallongeant.

— Diane ?

— Oui.

— On pourrait peut-être chercher un appart ?

— Tu veux qu'on habite ensemble ?

— On peut dire ça comme ça aussi ! Écoute, on est toutes les nuits ensemble et on a passé l'âge de vider un tiroir pour l'autre.

— Tu sais qu'en général ce sont les femmes qui demandent ça ?

— C'est mon côté féminin qui s'exprime ! Qu'en penses-tu ?

— Tu as peut-être raison…

Pourquoi repousser cette nouvelle étape ? Il se pencha

au-dessus de moi, sincèrement surpris, avec un grand sourire aux lèvres. Je lui faisais plaisir…

— Tu es sérieuse ? Tu veux vivre avec moi ?

— Oui !

Il m'embrassa, puis posa son front contre le mien. J'avais toujours le sentiment d'être sa petite chose fragile tant il faisait attention à moi.

— J'aurais compris que tu ne sois pas prête… On va choisir un endroit pour nous.

— Ça va être bien…

Quelques jours plus tard, Olivier était aux *Gens*, il épluchait le *PAP* tout en appelant les agences immobilières du quartier. Il stabilotait, faisait des listes, s'énervait après les annonces bidons et s'enthousiasmait quand il nous décrochait une visite. Sa tâche était ardue ; il s'était mis en tête de nous trouver un appartement dans le quartier… Pour moi, pour me faciliter les choses.

— On a un problème ! déclara-t-il.

— Lequel ?

— Toutes les visites ont lieu samedi prochain.

— Ah…

— Comme tu dis !

Nous eûmes le même réflexe : nous tourner vers Félix qui avalait bonbon sur bonbon. Il s'était mis au régime « j'arrête de fumer » sans l'intention de se passer de cigarettes. « J'anticipe, je me prépare », me disait-il, très convaincu. Lorsqu'il remarqua que nous le fixions, il haussa un sourcil et lança un Dragibus dans sa bouche.

— Vous complotez quoi, au juste ?

— Il faudrait que tu rendes service à Diane.

— Ça se monnaie…

— Félix, s'il te plaît, insistai-je. On visite des apparts samedi.

— *No problem !* Prenez tout le temps qu'il vous faut pour choisir votre nid ! Du moment qu'elle quitte son taudis ! Du coup, je me taille maintenant !

Il goba un dernier bonbon avant de venir prendre Olivier dans ses bras.

— Si tu n'existais pas, je ne sais pas ce que je serais devenu avec elle sur les bras !

— Bah, ça va ! m'énervai-je.

— Je t'aime, Diane !

Il partit en sautillant.

— On devrait trouver notre bonheur, dis-je à Olivier.

— J'espère ! Tu es vraiment sûre de toi ?

— Oui !

— Vivre ici ne va pas te manquer ?

— Bien sûr… mais je veux avancer avec toi.

Je l'embrassai en me penchant par-dessus le comptoir. Je devais continuer à franchir des étapes, même si, par moments, je me disais que cela allait trop vite ; j'avais peut-être accepté par confort et facilité, parce que je souhaitais que les choses restent simples, sans conflit, et je ne voulais pas faire un pas en arrière. C'était un interdit que je m'imposais. J'étais bien avec Olivier, tout était doux, paisible.

Le lendemain soir, lorsqu'il arriva, j'étais sur le point de téléphoner à Abby. Il vint derrière le bar pour m'embrasser.

— Tu as passé une bonne journée ? lui demandai-je.

— Très bonne, tu fermes bientôt ?

— Je veux téléphoner à Abby, avant.

— Bien sûr.

— Sers-toi une bière.

Je ne me cachais pas pour appeler l'Irlande. Il savait que je tenais à Abby et que j'avais besoin de lui parler. Il n'en prenait pas ombrage. Je posai mes fesses près de la caisse, et m'accoudai au comptoir. Olivier s'installa de l'autre côté et feuilleta un magazine. Je composai le numéro d'Abby et Jack, que je connaissais par cœur. Un temps qui me sembla interminable s'écoula avant que quelqu'un décroche.

— Oui !

Ce n'était ni Abby ni Jack. Un frisson me parcourut le dos.

— Edward… c'est Diane.

Dans ma vision périphérique, je vis Olivier lever légèrement le nez de sa lecture.

— Comment vas-tu ? finit-il par me demander après de longues secondes de silence.

— Oh… bien, et toi ?

— Ça va…

J'entendis derrière lui la voix de Declan et souris.

— Et ton fils ?

— Mieux… au fait… je lui apprends la photo…

— C'est vrai ? C'est merveilleux… je…

Je préférais m'interrompre plutôt que dire à voix haute que j'aimerais les voir tous les deux avec leurs appareils. Cette envie venait de loin et me surprit par sa violence…

— C'est qui, papa ?

Edward soupira dans le combiné.

— Diane.

— Je veux lui parler ! Diane ! Diane !

— Edward, dis-lui que je l'embrasse, je ne peux pas m'attarder, Abby est là ?

Simple mesure de protection : en réalité, j'avais tout mon temps.

— Elle est couchée, mais je vais te passer Jack. À bientôt.

Tout en entamant ma conversation avec Jack, j'entendis Edward calmer Declan qui ne comprenait pas pourquoi il était le seul à ne pas me parler. Son père lui expliqua que j'étais pressée et que j'étais avec ma famille à Paris. Cela remit de la distance et les choses à leur place. J'arrêtai de les écouter et me concentrai sur les nouvelles. Jack m'annonça qu'Abby était très fatiguée depuis plusieurs jours. Je sentais l'inquiétude dans sa voix, mais aussi de la résignation.

— Je lui dirai que tu as téléphoné, elle me remontera les bretelles parce que je ne l'ai pas réveillée ! Tes appels lui font toujours beaucoup de bien.

— Je réessayerai demain. Embrasse-la pour moi. Je t'embrasse fort, Jack.

— Moi aussi, ma petite Française.

Je raccrochai. Pour la première fois depuis mon retour, un peu plus de un mois auparavant, j'avais envie d'être ailleurs. J'aurais voulu veiller Abby.

— Diane ?

— Elle dormait, ça n'a pas l'air d'être la forme.

Je soupirai.

— Je rappellerai demain, j'aurai peut-être plus de chance… Parle-moi des appartements, ça va me distraire !

Le lendemain, en discutant avec Abby, j'eus un mauvais pressentiment. Certes, elle était moins faible que je ne l'imaginais, mais elle consacra un long moment à me faire toutes ses recommandations – « Laisse le temps faire son œuvre, souris, ne pleure pas, écoute ton cœur » –, en me lançant des « ma petite fille » bourrés de tendresse et d'amour à chaque phrase.

Samedi arriva vite. Le marathon des visites démarra de bonne heure et m'épuisa. Nous vîmes le pire comme le meilleur. Olivier avait pris en charge nos dossiers, je m'étais contentée de lui fournir les différentes pièces pour ma partie. Il s'occupait de nous vendre auprès des propriétaires pendant que je déambulais dans notre futur chez-nous potentiel. Il eut un véritable coup de cœur pour un appartement à Temple, et son entrain faisait plaisir à voir. Je n'avais rien à redire, il était parfait : un deux pièces avec un microbalcon et une vue dégagée, une petite cuisine séparée et une salle de bains refaite à neuf, avec une douche à l'italienne. Et pour le plus grand bonheur d'Olivier, il était disponible tout de suite. Il me prit par le bras et m'entraîna dans un coin du salon.

— Qu'en penses-tu ?

— Nous serions bien ici.

— Ce n'est pas trop loin des *Gens* ?

— Je peux marcher dix minutes, quand même !

Le doute se lisait sur son visage. Je lui pris le dossier des mains et le tendis à l'agent immobilier.

— Quand pensez-vous pouvoir nous donner une réponse du propriétaire ?

— La semaine prochaine.

— Très bien, on attend votre appel.

Je pris la main d'Olivier, jetai un dernier regard au séjour, et nous entraînai vers l'ascenseur.

— Tu vois ? C'est fait !

Je l'embrassai avec tout mon cœur, mais aussi pour faire taire une pointe d'angoisse naissante. Nous rejoignîmes *Les Gens* tranquillement, main dans la main, en évoquant notre aménagement, comme un couple normal. En arrivant à destination, Olivier reçut un appel d'un ami, et resta sur le trottoir pour répondre. Avant de subir l'interrogatoire de Félix, je me fis couler un café.

— On a déposé un dossier, on devrait savoir rapidement si c'est bon.

— Waouh, j'y crois pas. Tu te lances !

— Ouais !

Il me fixait.

— Tu es contente ?

— Ça fait juste un peu bizarre. Je vais vivre avec un homme qui n'est pas Colin.

— C'est vrai, mais tu l'aimes.

— Exact.

Lorsque Olivier nous rejoignit, un grand sourire aux lèvres, et vint m'embrasser, je me dis qu'il fallait que j'arrête de me torturer avec mille questions : j'étais prête pour lui. J'avais enfin trouvé la paix.

Je me le répétai une fois de plus le soir même. Nous étions invités à dîner chez ses amis – les jeunes parents. Les gazouillis mirent mes nerfs à rude épreuve dès la première seconde. Cette image de parfaite petite famille m'était insupportable, et je savais pourquoi. Cela me renvoyait à ce que nous formions avec Colin et Clara. Ils étaient insouciants, tout à leur bonheur, ne pensant pas une seule seconde que tout pouvait basculer. La vie avait mis sur ma route un homme qui n'était pas travaillé par la paternité et la transmission de son patrimoine génétique. J'avais tout ce qu'il me fallait. Pourtant, je réalisai que je préférais la compagnie de personnes cabossées par la vie – ça me remuait, ça me donnait un coup de fouet.

Quand le bébé fut couché, je pus me détendre et profiter de la soirée sans ruminer. Au moins, j'étais tombée sur des parents qui ne gardaient pas leur enfant dans les bras en permanence. Oliver se chargea de la grande annonce nous concernant. Ils ne feignirent pas leur joie, et nous trinquâmes à notre appartement. Puis ils proposèrent de nous aider à porter les cartons. Olivier se fit charrier : deux déménagements en moins de six mois, il abusait ! Je promis une tournée générale en dédommagement. Je commençai à m'agiter, Olivier le remarqua et se pencha vers moi.

— Va fumer, personne ne t'en voudra.

— Merci…

J'attrapai mes clopes et mon téléphone dans mon sac, en m'excusant auprès de tous. Je dus descendre dans la rue pour prendre ma dose de nicotine. Judith avait essayé de m'appeler. Elle décrocha dès la première sonnerie.

— Que fais-tu de ton samedi soir ?

— Je dîne chez des amis d'Olivier. Nous fêtons notre futur appartement !

— Quoi ? Tu vas habiter avec lui ! C'est vraiment sérieux, alors ?

— Ça en a tout l'air… Et toi, qu'as-tu de prévu pour ta soirée ?

— Où veux-tu que je sois ?

Je ris.

— À Temple Bar, je fais la fête aujourd'hui, dit-elle, confirmant mes soupçons.

— Tant mieux, c'est que tout va bien ?

— Oui, Abby était fatiguée ces derniers jours, et là, c'est reparti. Une frayeur pour rien.

— Tu as raison d'en profiter. Bois une Guinness pour moi !

— Pas qu'une, fais-moi confiance. À plus !

Tout en raccrochant, elle commanda une pinte dans un joyeux brouhaha de pub. Ça me fit envie. Je remontai prendre ma place au dîner.

Nous eûmes une réponse positive pour l'appartement. Nous devions signer le bail une semaine plus tard, et récupérer les clés dans la foulée. J'étais prise dans un tourbillon, je suivais Olivier, qui continuait à tout prendre en charge. Il arrivait à concentrer plusieurs journées en une seule, jonglant entre ses consultations, nos papiers administratifs et nos préparatifs d'emménagement, alors que, de mon côté, *Les Gens* occupaient tout mon temps. À croire que mon implication au travail avait redoublé : je pensais aux *Gens* en permanence, j'y passais toutes mes soirées, m'attardant chaque jour un peu plus. Ne m'y réfugiais-je pas pour fuir mes vrais problèmes ? *Les Gens* étaient mon chez-moi, mon endroit à moi, le lieu où me recentrer. J'évitais soigneusement toute discussion avec Félix. Il avait le don de mettre le doigt où ça faisait mal. Toute remise en question était exclue.

Ce lundi-là, nous passâmes toute la soirée à faire des cartons chez Olivier. Préparer le déménagement le soir après le travail avait un avantage : ne pas me donner le temps de réfléchir davantage à l'engagement que je prenais avec lui. Force était de constater qu'il me manquait son entrain et sa fougue à l'idée de vivre ensemble. Des flots de souvenirs jaillissaient : j'avais été si surexcitée de m'installer avec Colin, à l'époque, je ne pensais qu'à ça, j'étais obsédée. J'étais pourtant aujourd'hui certaine d'aimer assez Olivier pour aller jusqu'au bout. Il me fallait accepter que j'avais grandi, que l'amour à vingt-cinq ans ne se compare pas à celui des trente-cinq, surtout lorsqu'on a déjà eu une vie de famille.

L'un comme l'autre, nous tombâmes comme des masses en nous couchant. Cependant, notre sommeil fut perturbé par mon portable qui sonna en pleine nuit. À tâtons, je l'attrapai sur la table de chevet. Malgré mes yeux mi-clos, je lus « Judith », et je compris. En décrochant, j'entendis ses pleurs avant sa voix.

— Diane… c'est fini…

— Ma Judith…

Je l'écoutai me raconter qu'Abby n'avait pas souffert, elle avait souri jusqu'au bout et s'était endormie paisiblement deux jours plus tôt, dans les bras de Jack. Il était le dépositaire de ses recommandations pour chacun d'entre nous : Judith, Edward, Declan et moi. Entendre que j'avais été dans les pensées d'Abby à la fin me fit verser ma première larme.

— Désolée de t'appeler si tard, mais je n'ai trouvé le temps que maintenant. On a tout à préparer…

— Ne t'inquiète pas. Où es-tu ?

— Chez eux, je ne veux pas quitter Jack. Et Edward s'occupe de Declan.

— Essaye de dormir, je te téléphone demain. Je voudrais être avec toi…

— Je sais… tu nous manques à tous…

Elle raccrocha. Je m'assis dans le lit et éclatai en sanglots. Olivier me prit dans ses bras pour calmer mes tremblements. Je m'attendais au départ d'Abby, je savais qu'elle devait partir. Mais ça faisait si mal de penser qu'elle ne mènerait plus tout son petit monde à la baguette, qu'elle ne prendrait plus soin de quiconque. Jack avait perdu son double.

— Je suis désolé, murmura Olivier. Qu'est-ce que je peux faire pour toi ?

— Rien.

Il embrassa mon front, me berça contre lui, pourtant je me sentais seule, ce n'était pas là que je voulais être.

— Je dois appeler Edward.

Je me dégageai des bras d'Olivier, sortis du lit, enfilai un pull et me rendis dans le séjour en composant le numéro d'Edward. Il décrocha dès la première sonnerie.

— Diane, souffla-t-il dans le combiné. J'attendais ton appel…

J'avais besoin de t'entendre, pensai-je.

— Je suis là…

Je perçus le son d'un briquet et la première bouffée qu'il aspira. J'en fis autant. Chacun dans son pays, nous fumâmes une cigarette ensemble. J'entendais le vent.

— Où es-tu ? lui demandai-je.

— Sur la terrasse.

— Et Declan ?

— Il vient tout juste de s'endormir.

— Quand est l'enterrement ?

— Après-demain.

— Si vite !

— Jack ne veut pas que les choses s'éternisent… il est prêt.

— Je vais venir…

— Tu ne peux pas tout lâcher pour être avec nous, même si j'en ai…

— Ma place est avec vous et personne ne pourra m'empêcher de venir.

— Merci… Declan s'est réveillé, il pleure…

— Rappelle-moi quand il se sera rendormi, peu importe l'heure, je répondrai. Je vais chercher un billet d'avion.

— Diane… je…

— Va voir ton fils.

Je raccrochai, puis fixai mon téléphone de longues secondes avant de me rendre compte qu'Olivier m'avait rejointe dans la pièce et qu'il avait pris soin de m'apporter un cendrier. Je ne l'avais même pas remarqué.

— Je peux t'emprunter ton ordinateur ?

— Que vas-tu faire ?

— Je dois trouver un billet d'avion pour demain.

— Quoi ? !

— Ma place est à l'enterrement d'Abby. Je ne me pardonnerai jamais de ne pas y aller.

— Je comprends…

Il alla me chercher son ordinateur et s'assit à côté de moi sur le canapé.

— Va te coucher.

— Diane, laisse-moi faire quelque chose pour toi.

Je m'accrochai à son cou. J'étais désolée de lui imposer ça, de bousculer ses plans, mais c'était comme un appel. Ma vie venait de se suspendre. Et rien, ni *Les Gens*, ni Olivier, ni Félix ne pouvaient lutter contre cet élan.

— Tu ne peux rien faire, je suis navrée. Ne passe pas une nuit blanche à cause de moi.

Il secoua la tête, m'embrassa et se leva.

— Je ne dormirai pas tant que tu ne seras pas avec moi, mais je vais te laisser tranquille, si c'est ce dont tu as envie.

— Pardonne-moi.

Il ne répondit pas. Je le suivis du regard tandis qu'il regagnait la chambre en laissant la porte ouverte. En cherchant mon vol, je ne pensais qu'à Edward, qui devait lutter contre les terreurs nocturnes de Declan. Je venais de payer mes billets lorsque mon téléphone sonna.

— Edward…

— Ça y est, il dort.

— Tu devrais aller en faire autant.

— Toi aussi !

Je souris.

— J'ai mon billet, j'arrive demain soir à 20 heures, je prendrai la route directement sans traîner.

— Ce n'est pas prudent, je vais venir te chercher.

— Qu'est-ce que tu racontes ? J'ai toujours loué une voiture, je vais faire comme d'habitude. Je peux me débrouiller comme une grande. S'il y a bien une personne qui ne cherche pas à me surprotéger c'est toi, alors ne commence pas !

— Ne discute pas. Je viendrai.

— Tu ne vas pas traverser le pays dans la journée. Et Declan ? Il va être terrifié de te voir partir.

— Si je lui dis que c'est pour toi, il me laissera partir… Judith sera avec lui et elle, ça lui fera du bien de s'éloigner d'Abby quelques heures. Je partirai en fin d'après-midi, on sera rentrés à minuit.

— Tu es ridicule.

— S'il te plaît, Diane. Laisse-moi venir te chercher, j'ai besoin de prendre l'air, de souffler.

Son appel à l'aide me chavira.

— Très bien… va dormir maintenant.

— À demain.

Il raccrocha. Je pris le temps de fumer une cigarette, j'en avais besoin pour réaliser que je partais le lendemain à Mulranny assister à l'enterrement d'Abby. Pourtant, au fond de moi, j'avais toujours su que, le jour où cela arriverait, j'y retournerais. Quitte à me mettre en danger. Mon corps était encore à Paris, mon esprit était déjà là-bas. En retournant dans la chambre, je ne pus que constater qu'Olivier ne dormait pas ; il m'attendait, un bras replié derrière la tête. Il m'ouvrit la couette, je me glissai dessous et me blottis contre lui ; il resserra son bras autour de moi.

— Combien de temps pars-tu ? chuchota-t-il.

— Trois jours. Ne t'inquiète pas, nous déménagerons à la date convenue.

— Ce n'est pas ça qui m'inquiète…

— Quoi, alors ?

— C'est toi.

— Ne t'en fais pas, je ne vais pas m'écrouler. La mort d'Abby n'a rien à voir avec ce que j'ai vécu, j'y étais préparée. Et je compte respecter la promesse que je lui ai faite, ne pas pleurer et poursuivre ma vie.

— Vraiment ?

Je ne lui répondis pas. Il me tint contre lui toute la nuit. Le sommeil finit par m'emporter, et je réussis à dormir quelques heures. En ouvrant les yeux, la conscience de la perte d'Abby me coupa la respiration un instant. Je pris sur moi, et luttai contre la peine. Je devais assurer ma journée, préparer mon absence, et rassurer Olivier dont le masque d'inquiétude n'avait fait que se creuser durant la nuit. Il ne me quitta pas des yeux lorsque nous prîmes notre petit déjeuner.

— À quelle heure décolles-tu ce soir ?

— 19 heures.

— Je vais me débrouiller pour t'accompagner.

— N'annule pas tes rendez-vous pour moi.

— J'y tiens, ne cherche pas à m'en empêcher.

Une demi-heure plus tard, il me laissait aux *Gens*. J'ouvris le café et m'activai immédiatement, au lieu de discuter avec mes clients du réveil comme je le faisais d'habitude ; je mis tout en ordre, vérifiai que Félix ne manquerait de rien et pris le temps d'appeler Judith. Elle avait une meilleure voix que la veille, Edward l'avait mise au courant de mon arrivée, je la sentais soulagée. Et puis elle me passa Jack sans que j'y sois préparée.

— Ma petite Française, comment vas-tu ?

— On s'en moque, de moi, c'est à toi qu'il faut demander ça.

— Tout va bien, nous avons eu notre temps. J'ai un message pour toi, mais tu le connais déjà.

— Oui, reniflai-je.

— Ça me touche que tu fasses le voyage, tu verras, ça t'apaisera.

— À demain, Jack.

Mes épaules s'affaissèrent en raccrochant.

— Ça veut dire quoi : à demain, Jack ?

Je sursautai en entendant Félix.

— Je prends l'avion ce soir : Abby est morte.

Je lui tournai le dos et me fis couler un café.

— Tu ne peux pas faire ça ! Tu ne peux pas aller à un enterrement en Irlande.

Il me prit par les épaules et me força à le regarder.

— Rien ne m'en empêche !

— Tout, justement ! Tu ne vas pas le supporter ! Merde ! Tout va bien dans ta vie, tu as Olivier, tu as *Les Gens*, tu as tourné la page. Oublie l'Irlande et ses habitants !

— Ne me demande pas l'impossible ! Et puis n'en fais pas tout un foin, je pars trois jours et je reviens pour le déménagement.

— Dans quel état ?

— Je n'en peux plus que tout le monde s'inquiète pour moi, toi, Olivier. Arrêtez de penser que je vais m'écrouler à la première épreuve. Je ne suis plus la même, j'ai pris ma vie en main, je vais bien, je sais ce que je veux. Et ce que je veux, ce que mon cœur me dicte, c'est d'aller dire au revoir à Abby, et d'être aux côtés de ces gens que j'aime.

— Et le môme, il fait partie des gens que tu aimes ?

Son attaque me fit reculer et bafouiller.

— Je ne sais pas… Declan est…

— Le fils d'Edward ! Voilà ce qu'il est !

Je regardai mes pieds. Félix m'écrasa contre lui.

— Tu fais chier, Diane. Va t'embrouiller la tête, et je te récupérerai.

— Il n'y aura rien à récupérer.

— Arrête de jouer les idiotes, ça te va très mal.

La journée fila à toute vitesse ; je déjeunai à peine pour aller faire ma valise. Félix était prêt à assurer le service pendant trois jours. Comme il me l'avait annoncé, Olivier passa me récupérer aux *Gens* pour m'accompagner à l'aéroport. Pour me dire au revoir, Félix se contenta de deux grosses bises et d'un regard qui signifiait « attention à toi ». Je sortis des *Gens*, fis trois pas dans la rue en tenant la main d'Olivier, et me retournai pour jeter un dernier coup d'œil à mon café littéraire. Je parcourus du regard la devanture, l'enseigne… Je m'éloignais une fois de plus de mon refuge… pour eux, pour l'Irlande…

Le trajet en RER se fit en silence, Olivier me tenait contre lui, embrassant parfois mes cheveux, caressant mes mains. J'étais responsable de sa tristesse, je n'aimais pas ça. L'égoïsme devenait-il une seconde nature chez moi ? J'avais pris cette décision sans me soucier de lui, ni de ce que cela pouvait lui faire, sans penser une seule seconde à lui demander son avis.

Je venais de m'enregistrer, nous étions dehors ; je fumais une dernière cigarette avant l'embarquement lorsque mon téléphone sonna.

— Oui, Edward.

Olivier me serra un peu plus contre lui.

— J'ai pris la route, je voulais savoir si ton vol était à l'heure.

— C'est ce qui est annoncé.

— Je t'attendrai derrière la douane.

— Très bien, je sortirai rapidement de l'avion.

— À tout à l'heure.

Il raccrocha sans que j'aie le temps de lui répondre. Je me tournai vers Olivier qui ne cessait de me regarder, toujours anxieux.

— Tu m'en veux ? lui demandai-je.

— Bien sûr que non… Ils sont un peu ta famille, en réalité… Ce n'est simplement pas évident que tu me fermes cette porte. Je ne peux pas prendre soin de toi comme je le voudrais, c'est tout.

Je pris ses mains dans les miennes.

— À mon retour, je serai avec toi. Sois rassuré.

— Tu veux toujours déménager le week-end prochain ?

— Oui !

Il me prit dans ses bras et soupira dans mon cou.

— Il faut que tu y ailles, maintenant.

Il m'accompagna jusqu'à la dernière barrière de sécurité.

— N'attends pas que je disparaisse pour rentrer chez toi, d'accord ? Et je t'en prie, ne bouscule pas ton emploi du temps pour venir me chercher à mon retour.

Il acquiesça et m'embrassa. Je sentais qu'il mettait tout son amour dans ce baiser, toute sa douceur, toute sa tendresse. Je le lui rendis du mieux que je pus. Mais j'étais incapable de déterminer la conviction que j'y mettais.

– 9 –

Je fus la première passagère à détacher ma ceinture lorsque l'avion s'immobilisa sur le tarmac, je fus encore la première à sortir de la carlingue. Et je fus la seule à crier un « merde ! » retentissant, lorsque je réalisai que je devais traverser tout l'aéroport. Ma valise à roulettes volait par moments tant je courais vite. Le son produit suscitait la curiosité des voyageurs qui, du coup, s'écartaient sur mon passage. Je refusais d'admettre la raison qui me faisait courir à ce point. Enfin les portes de la sortie s'ouvrirent ; Edward m'attendait de l'autre côté, adossé à un mur, une cigarette éteinte entre les lèvres. Je marquai un temps d'arrêt, il se redressa et s'avança vers moi. Je finis le chemin en faisant taire ce que mon cœur m'envoyait comme signaux. Lorsque nous fûmes face à face, il riva ses yeux aux miens.

— On y va ? me demanda-t-il pour la forme, en me retirant mon bagage des mains.

— Oui.

Il fit le pas qui nous séparait sans cesser de me regarder. Puis il m'embrassa sur la tempe ; je retins ma respiration et fermai les yeux. Quand il s'éloigna de moi, prenant la direction du parking, il me fallut plusieurs secondes pour atterrir et le suivre. Le froid piquant me saisit. L'hiver était arrivé avec son vent mordant et ses gouttes de pluie glaciales. Ç'aurait dû me remettre les idées en place. Tout en marchant, Edward alluma sa cigarette et me tendit son paquet, me jetant un coup d'œil par-dessus son épaule. Je m'interdis de réagir au contact de ses doigts effleurant les miens. Nous ne perdîmes pas de temps, et prîmes la route sitôt que ma valise fut chargée, sans nous dire un mot de plus. Rouler dans cette nuit noire était enivrant au point que je me dis que Félix avait raison : ma tête allait s'embrouiller, malgré le but de mon voyage. Je frôlais l'innocence à certains moments. Je fixai Edward ; il tenait le volant d'une main en roulant vite, sûr de lui, perdu dans ses pensées. Il dut sentir que je l'observais ; son regard décrocha de la route et plongea dans le mien. Ce qui était en train de se passer était impossible, interdit. Où était la distance instaurée quelques semaines plus tôt ? Nous reprîmes notre respiration au même instant. La sonnerie de mon téléphone le ramena à sa conduite. Je déglutis avant de décrocher.

— Olivier, j'allais t'appeler ! On est sur la route.

— Tant mieux. Tout va bien ?

— Oui.

— Je ne vais pas t'embêter plus longtemps. Présente mes condoléances à Edward.

— Je n'y manquerai pas. Je t'embrasse.

— Diane… je t'aime.

— Moi aussi.

Je me sentis mal en prononçant ces deux petits mots. Je fermai les yeux en raccrochant et serrai mon téléphone de toutes mes forces. Edward s'alluma une cigarette, j'en fis autant. Je fixai la route à travers ma vitre.

— Olivier te présente ses condoléances.

— Tu le remercieras… Judith m'a dit que tu habitais avec lui.

— On déménage dans quatre jours.

Le silence et la réalité s'abattirent sur nous. Je m'avachis au fond de mon siège, épuisée par mes émotions contradictoires. Après une petite heure, Edward s'arrêta sur une aire d'autoroute.

— J'ai besoin d'un café. Inutile de te demander si tu en veux un…

Il sortit de la voiture en redressant le col de son caban. Je le suivis quelques minutes plus tard et le retrouvai devant les machines à café. Il bâillait à s'en décrocher la mâchoire en se frottant les cheveux. Il me tendit un gobelet de café pendant que le sien se remplissait.

— On repart ? me demanda-t-il quand il eut récupéré sa boisson.

Il n'attendit pas ma réponse. Une fois dehors, il exposa son visage à la pluie. Ça ne pouvait pas continuer ainsi.

— Depuis combien de jours n'as-tu pas dormi ?

— Trois. Je passe mes nuits avec Declan.

— Donne-moi tes clés. Fais une sieste pendant que je conduis. Ce n'est pas négociable, je connais la route, je sais conduire à gauche et tu dois te reposer.

Il but une gorgée de son café avant de secouer la tête et de me tendre ses clés. Un fou rire nerveux nous saisit une fois montés en voiture ; j'étais à des kilomètres du volant. Lorsque tout fut réglé à ma taille, je mis le contact et me tournai vers lui.

— Dors, maintenant.

Il mit de la musique : le dernier album d'Alt-J, et s'enfonça dans son siège. Il leva la main vers moi, ses doigts s'approchèrent de ma joue, mais il n'alla pas plus loin. Je passai la première sans qu'il ait cessé de me regarder. Quelques minutes après avoir rejoint l'autoroute, il murmura : « Diane… merci. »

Je lui jetai un coup d'œil, il dormait, tourné vers moi. Pour la première fois, j'avais le sentiment de le protéger, de prendre soin de lui. J'aurais voulu rouler sans jamais m'arrêter pour qu'il se repose enfin, pour continuer à le sentir en paix ; les traits de son visage étaient détendus. Ses ronflements m'arrachèrent un sourire et m'apprirent que son sommeil était profond. C'était déjà ça de pris pour lui. Pour moi, c'étaient deux heures de réflexion. La route avait toujours eu cet effet sur moi. Ce n'était pas à Paris que cela pouvait m'arriver ! Rouler, bercée par la musique et concentrée sur ma conduite, m'offrait une bulle. Autant profiter de la situation, et le contexte me poussait à creuser dans les tréfonds de mon âme. Je croyais le problème Edward réglé… Comment avais-je pu être aussi stupide ? La place qu'il occupait dans ma vie était beaucoup plus importante que je ne voulais l'admettre. Quelle attitude devais-je adopter les jours prochains ? Me laisser porter ? M'écouter ? Ériger des barrières ? Protéger ma vie reconstruite de l'assaut de cet homme qui dormait à côté de moi ? À moins de préférer l'innocence et me dire que cela n'était dû qu'à notre fragilité respective face à la mort d'Abby…

En franchissant la dernière colline avant la descente sur Mulranny, je n'avais pas tranché, mais j'allais devoir le réveiller. Je l'appelai doucement, il râla et grogna dans son sommeil avant d'ouvrir les yeux. Son premier réflexe : allumer une cigarette.

— On est arrivés, constata-t-il, la voix plus rauque que jamais.

— Oui.

— Tu dors chez moi.

— Quoi ?

— Abby est chez eux, j'ai pensé que tu n'aimerais peut-être pas rester à côté d'elle.

Effectivement, c'était au-dessus de mes forces.

— Je te laisse ma chambre, moi, je passe de celle de Declan au canapé.

— Ça ne t'embête pas ?

— C'est à toi qu'il faut demander ça. Si tu préfères, on peut te trouver une chambre dans un B&B.

Je me garai devant son cottage à cet instant.

— Vu l'heure, je doute que l'on puisse trouver une chambre. Et… je préfère rester chez toi.

Je m'imposais une sacrée mise à l'épreuve. À moins que je n'écoute mon désir le plus profond… À l'instant où nous pénétrâmes dans son cottage, Judith descendait à pas de loup l'escalier.

— Il dort, dit-elle à son frère.

— Je monte avec lùi.

Il grimpa trois marches, ma valise à la main, avant de s'adresser à moi :

— Merci pour la route… fais comme chez toi. Bonne nuit !

Je lui fis un petit sourire, et il disparut. Je m'approchai de Judith et la serrai dans mes bras de longues minutes.

— Comment te sens-tu ?

— Ça va, je tiens le coup. Et puis, Jack est tellement fort… tu vas voir demain… Il est merveilleux… Et toi ?

— J'ai promis à Abby de ne pas m'effondrer, je fais en sorte de respecter ma promesse.

— C'est bon que tu sois là… La famille est au grand complet pour elle. Je dois y aller, je veux m'assurer que Jack se repose.

Elle enfila son manteau. Puis elle me regarda, interrogative, avec un léger sourire en coin.

— Et le fait de dormir chez mon frère… tu gères ?

— Je ne sais pas, Judith… je ne sais pas.

Elle me prit une dernière fois dans ses bras et me fit deux bises avant de filer. Le séjour était plongé dans la pénombre, j'éteignis la lumière de l'entrée et gagnai l'étage. Je vis le rai de lumière sous la porte de la chambre de Declan. Edward avait déposé mon sac dans sa chambre. J'y avais déjà dormi, alors que j'étais au plus mal et que mes rapports avec lui étaient au paroxysme de la haine. Cette époque me semblait si lointaine…

Après avoir enfilé le débardeur et le caleçon qui me servaient de pyjama, je m'assis sur le lit d'Edward. Je restai dans cette position une bonne demi-heure avant d'enfiler un sweat et de m'approcher de la porte fermée. J'appuyai mon front contre le bois, puis m'éloignai en me rongeant les ongles. Je renouvelai l'opération à plusieurs reprises avant de me décider à l'ouvrir et à avancer dans le couloir. Un dernier arrêt devant la chambre de Declan. Une dernière occasion de rebrousser chemin. Puis je poussai doucement la porte. Edward était assis dans le fauteuil et ne lâchait pas son fils des yeux. Il me remarqua. Je lui fis signe de ne pas bouger et de se taire. Je m'avançai vers le lit de Declan. Une joie furtive me traversa en le voyant ; il dormait à poings fermés, l'écharpe de sa mère contre lui. Rien ne m'empêcha de passer la main dans ses cheveux et d'embrasser son front ; j'en avais envie. Mon cœur se gonfla. Mon baiser le chatouilla sans le réveiller. Ensuite, j'allai m'asseoir par terre, à côté du fauteuil d'Edward, les jambes repliées et le menton posé sur mes genoux. Je fis comme lui, je veillai cet enfant. Dans le chagrin de la perte d'Abby, il représentait la vie. Au bout de quelques minutes, j'appuyai la tête contre la jambe d'Edward. De temps à autre, sa main se baladait sur mes cheveux. La notion du temps m'échappa.

Au bout d'une heure peut-être, Edward m'éloigna de lui délicatement, se leva et m'aida à en faire autant en attrapant une de mes mains. Il me fit sortir de la chambre de son fils pour m'accompagner jusqu'à celle où mon lit m'attendait. Il s'arrêta sur le seuil de la pièce, ma main toujours dans la sienne.

— Essaye de dormir un peu, me dit-il.

— Et toi ?

— Je vais aller m'allonger sur le canapé.

Avant de lâcher ma main, il s'approcha et m'embrassa sur la tempe, longuement. Puis il dévala l'escalier. Je fermai la porte et me glissai sous la couette. Je m'endormis enroulée dans ses draps, son parfum.

Je commençais vaguement à me réveiller quand la porte s'ouvrit dans un grand fracas.

— Diane ! Tu es revenue ! cria Declan en sautant sur le lit.

J'eus à peine le temps de me redresser qu'il se jeta sur moi et s'agrippa à mon cou.

— Je suis trop content !

— Moi aussi, champion.

C'était la stricte vérité ; pas de pointe d'angoisse, pas

d'envie de le rejeter, juste un sentiment de bonheur en le serrant contre moi.

— Comment vas-tu ? lui demandai-je.

— Ça va… Tu viens, on descend. Papa, il t'a fait du café.

Il tira sur mon bras.

— Je prends une douche et je vous rejoins.

— D'accord !

Il partit en délivrant mon message à tue-tête à son père. En le voyant courir en pyjama et pieds nus, je me retins de lui demander de mettre des chaussons et un pull.

Vingt minutes plus tard, en entrant dans le séjour, j'eus un choc : Edward était en costume-cravate. J'en restai bouche bée ; l'espace d'un instant, j'oubliai Abby. Lui d'habitude toujours débraillé, avec sa chemise mal boutonnée sortant de son jean, portait un costume gris anthracite comme une seconde peau, une cravate parfaitement nouée autour du cou. Cela lui donnait encore plus de prestance, si besoin était. Ma tête devait avoir quelque chose de comique puisqu'il finit par rire. J'avançai difficilement vers lui tandis qu'il me versait une tasse de café. Je la saisis, bus une gorgée sans le quitter des yeux. Il continuait à sourire en se grattant la barbe.

— J'ai hésité à me raser…

— Non !

C'était sorti comme un cri du cœur.

— Ce ne serait pas toi, elle n'aurait pas aimé, me repris-je, sachant que je pouvais parler au nom d'Abby.

Je m'éloignai de lui et du sourire en coin qu'il

affichait, et rejoignis Declan et Postman Pat sur le canapé. Declan se lova contre moi.

— Tu restes combien de temps à la maison ?

— Deux jours.

— C'est tout ?

— C'est mieux que rien…

— Oui, soupira-t-il.

Edward m'appela et me fit signe de le suivre dehors. La pause-légèreté touchait à sa fin.

— Je dois aller chez Abby et Jack, est-ce que je peux te laisser Declan deux heures ?

— Bien sûr, je vais m'occuper de lui, il faut qu'il s'habille. À quelle heure est la cérémonie ?

— 14 heures. On déjeune chez Abby et Jack, avant. Tu viens ?

— Si c'est possible, je préférerais vous rejoindre à l'église.

— Je comprends.

Assister à un enterrement n'allait pas être une chose facile, j'avais besoin de m'y préparer seule. Edward écrasa sa cigarette, passa dire au revoir à Declan et s'en alla.

Notre tête-à-tête passa très vite ; le temps de le débarbouiller, de l'aider à s'habiller, et de l'écouter me raconter par le détail toutes ses histoires d'école. Nous étions en train de rire et de jouer dans le séjour quand Edward fut de retour. Ses traits étaient plus tirés qu'à son départ, son visage était grave. Il se força à sourire à son fils, je le sentis et surtout je compris ce qu'il venait de vivre : la mise en bière d'Abby. Nos regards se croisèrent, je levai les yeux au ciel pour m'empêcher de pleurer.

— Il reste du café ? me demanda-t-il.

— Oui.

Je me levai du canapé et allai le rejoindre au bar de la cuisine. Il serra les poings jusqu'à faire ressortir ses veines : sa façon d'exprimer sa peine. Je caressai doucement ses mains.

— Ça va aller…, murmurai-je.

Il m'attrapa délicatement par la taille, me rapprocha de lui, et enfouit son visage dans mes cheveux en soupirant. Impuissants face à ce qui nous arrivait, nous faisions exploser toutes les mesures de protection. La pièce devint étrangement silencieuse, mon regard dévia et tomba sur Declan, qui nous surveillait du coin de l'œil. Edward dut s'en rendre compte lui aussi, puisqu'il s'éloigna brusquement de moi.

— On y va, Declan, Jack et Judith nous attendent.

— Mais Diane…

— On se voit à l'église.

— Promis ?

— Je serai là.

Il suivit son père tout en me jetant un regard par-dessus son épaule. Edward lui ébouriffa les cheveux pour le faire regarder devant lui. La porte d'entrée claqua. Je montai me changer et mettre une tenue plus adéquate à la circonstance : une robe noire.

Vers 13 heures, je me forçai à avaler un bout de pain, histoire d'avoir quelque chose dans l'estomac pour éviter de tomber dans les pommes. Mon ventre était noué, mais pas en état de panique générale. Je sortis fumer sur la terrasse, mon téléphone en main. Olivier décrocha directement.

— J'attendais de tes nouvelles. Comment se passe la journée ?

— Je ne vais pas tarder à partir pour l'église, je tiens le coup.

Je ne savais pas quoi lui dire d'autre. Le silence s'éternisa entre nous.

— Veux-tu que je passe voir comment Félix s'en sort ce soir ?

— Si tu veux… Tu as continué les cartons ?

— J'ai presque fini chez moi… je peux attaquer ton appart, pour t'avancer.

— Non, je n'ai pas grand-chose…

— J'ai un patient qui arrive, je dois te laisser.

— Bon courage pour le travail.

— Fais-moi signe quand tu peux.

— Oui… je t'embrasse.

Je raccrochai en soufflant. Être ici m'éloignait de lui. Notre installation était reléguée aux calendes grecques. L'essentiel était ailleurs. Je sifflai Postman Pat, parti gambader sur la plage, pour l'enfermer dans la maison. Lorsqu'il fut couché, j'enfilai mon manteau et mis mon écharpe. Pas besoin de parapluie ; depuis une heure, le soleil baignait le ciel bleu et froid de l'hiver.

Je marchai une petite dizaine de minutes pour rejoindre l'église, posée au centre du cimetière. Au milieu d'une pelouse, surplombée d'une croix celtique, se trouvait la tombe où reposerait Abby. Le glas sonnait, une peur insidieuse enfla en moi. Comment vivre cet enterrement ou, plutôt, y survivre ? N'avais-je pas présumé de mes forces ? Le dernier où je m'étais rendue était celui de mon mari et de ma fille. Ce fut cette peur qui me fit entrer par la petite porte et prendre une place discrète au fond de l'église. Tout le village était présent, ainsi que le groupe d'amis de Judith, tous ceux que j'avais rencontrés au réveillon du Nouvel An. Je distinguai Jack, Edward, Declan et Judith. Elle avait fait, comme son frère, un bel effort vestimentaire. Pour la première fois, elle paraissait fragile ; toute menue dans sa robe chasuble gris foncé, enveloppée dans une étole noire, sa crinière de lionne tirée en queue-de-cheval sobre. J'avais envie de m'approcher d'elle et de la serrer contre moi pour la réconforter ; je ne m'y autorisai pas. Abby était déjà là, son cercueil recouvert de fleurs. En le regardant, je n'eus pas l'impression de n'avoir qu'une boîte en bois devant moi. Je la sentais parmi nous. Jack apparut dans mon champ de vision ; il remontait toute l'église en se dirigeant vers moi.

— Que fais-tu là, toute seule, cachée ? Abby n'aimerait pas ça. Viens.

Il passa son grand bras solide autour de mes épaules et me fit remonter la nef contre lui pour rejoindre le premier rang. Judith me sauta au cou, en pleurant à chaudes larmes. Je craquai enfin… ça me soulagea d'un poids.

— Elle va nous engueuler si on continue comme ça ! me dit-elle, riant et pleurant à la fois.

Je sortis des mouchoirs de ma poche, et essuyai ses joues avant les miennes, je remis aussi en place une mèche indisciplinée de ses cheveux. Ensuite, elle se décala pour que je prenne place, je passai devant Declan qui serrait fort la taille de son père, et m'installai à côté d'Edward, qui me prit la main et entrelaça nos doigts. La cérémonie débuta. Je savais l'Irlande très pratiquante, mais la ferveur religieuse me surprit, sans pour autant me mettre mal à l'aise, moi qui ne croyais en rien et avais été élevée dans l'athéisme le plus total. Les deux fois où j'étais allée à la messe avaient été mon mariage et l'enterrement de Colin et Clara – mes beaux-parents étaient croyants.

L'assemblée chantait. C'était beau, presque joyeux, et une atmosphère de profonde paix régnait. La mort était triste mais n'était pas une fin en soi. Cela eut un effet rassurant sur moi, les paroles d'Abby refaisaient surface : « Je m'occuperai d'eux. » Le seul qui ne chantait pas était Edward ; cependant, sa voix rauque résonnait dans mes oreilles à chaque prière. Par moments, il me caressait le dessus de la main avec son pouce. Lors de la communion, il me lâcha pour s'y rendre, à la suite de Jack et Judith. Je m'assis, et Declan monta sur mes genoux en s'agrippant à mon cou. Je le berçai. Edward revint et nous trouva dans cette position, il se rassit lui aussi, et passa un bras autour de mes épaules. Nous formions une seule et même personne ; Declan pleurant sur mes genoux, entre son père et moi, mon visage appuyé sur l'épaule d'Edward, le sien posé sur mes cheveux.

L'instant que je redoutais arriva : la bénédiction du corps. L'assemblée défila sous mes yeux. Je me collai davantage à Edward, qui resserra son étreinte. Quand ce fut au tour de la famille – puisque j'en faisais partie – il se leva, attrapa Declan et le prit dans ses bras. Puis il me tendit la main, je m'y cramponnai. Devant le cercueil d'Abby, il dit au revoir religieusement à sa tante. Puis il fit un pas de côté pour me laisser la place, sans lâcher ma main, son fils toujours dans les bras. Je posai l'autre main sur le bois et le caressai doucement en esquissant un léger sourire. Les larmes débordèrent, intérieurement je m'excusai auprès d'Abby et lui confiai Colin et Clara. Par ce simple geste que j'avais refusé de faire pour mes amours, je les laissais partir, je les savais en sécurité, ma fille, surtout. Grâce à Abby et aux messages qu'elle n'avait cessé de me délivrer, j'acceptais enfin l'idée que Clara serait toujours en moi, que j'avais le droit de vivre pleinement et que je ne l'oublierais ni ne la trahirais pour autant. Je n'avais plus à nier une partie de moi-même. Je sentis les lèvres d'Edward sur mes cheveux, je le regardai dans les yeux. L'intensité qui passa entre nous n'était pas mesurable. Je passai ma main sur la joue de Declan, qui nous fixait. Puis nous regagnâmes nos places. La cérémonie s'acheva sur *Amazing Grace*, qui me remua au plus profond. J'aurais voulu être croyante à cet instant. Tout le monde sortit au fur et à mesure. Nous fûmes les derniers à rejoindre l'air frais. Il faisait si beau ; un soleil d'hiver lumineux, le froid revigorant, le vent chassant le malheur. Declan glissa sa main dans la mienne, il avait quelque chose à me dire à l'oreille :

— Je ne veux pas rester, Diane.

Ses yeux effrayés fixaient les tombes.

— Je vais voir ce que je peux faire, lui répondis-je.

Je n'eus pas à chercher son père, il était juste à côté de moi.

— Declan veut partir maintenant.

— Il ne peut pas !

— S'il te plaît, laisse-moi l'emmener…

Il lança à son fils un regard à la fois ombrageux et terriblement inquiet. Je décidai d'insister. Declan, qui me broyait la main, souffrait déjà bien assez ; un instinct de lionne me saisit.

— Il connaît suffisamment la dureté de la vie à son âge ! Pense à ce qu'il a vécu il y a quelques mois, ne lui impose pas de voir disparaître sous terre une autre personne qu'il aime… S'il te plaît… Je peux m'occuper de lui ; et toi, occupe-toi de ta petite sœur, c'est elle qui a besoin de toi, ajoutai-je, en remarquant Judith esseulée.

Il s'accroupit au niveau de son fils.

— Tu pars avec Diane, mais avant, on va voir Jack ensemble.

Nous allâmes embrasser Jack qui trouva que notre petite balade était une très bonne idée. Sa force était spectaculaire et contagieuse. Qui aurait eu l'indécence de s'écrouler face à tant de grandeur ? Avant de partir, je serrai Judith quelques instants contre moi, Declan toujours accroché à ma main. Edward nous accompagna jusqu'à la grille du cimetière.

— Je viens vous chercher après, nous dit-il, une légère panique dans la voix.

Je caressai sa joue, il ferma les yeux.

— On se retrouve vite.

Il fit volte-face et alla prendre sa sœur dans ses bras en la guidant vers les tombes. Leurs parents devaient être là, eux aussi.

Tout naturellement, nous nous dirigeâmes vers la plage, après avoir délivré Postman Pat qui fit la fête à son petit maître. Je trouvai un rocher où m'asseoir et allumai une cigarette pendant qu'ils jouaient. La capacité de récupération des enfants était époustouflante. Moins d'un quart d'heure plus tôt, Declan était terrorisé, traumatisé, les yeux pleins de larmes. Il n'avait fallu que l'accord de son père, ma main et son chien pour le réconforter. Après s'être défoulé, il me rejoignit et s'assit à côté de moi.

— Pourquoi tout le monde meurt ?

Pourquoi ? Si je le savais, pensai-je.

— Tu n'es pas tout seul, Declan, tu as ton papa, Jack et tante Judith.

— Oui, mais toi, tu pars toujours ? J'aime bien quand tu es là.

— Moi aussi, j'aime être ici avec vous, mais je n'habite pas à Mulranny.

— C'est nul !

Je soupirai et le pris dans mes bras. J'aurais pu répondre à Félix ; je l'aimais, le « môme ». Beaucoup trop.

— Vous n'avez pas froid ? demanda Edward, que nous n'avions pas entendu arriver derrière nous.

Il s'assit à côté de son fils, fixa la mer plusieurs secondes avant de nous regarder. Ses yeux étaient légèrement rougis.

— On va aller se réchauffer chez Jack et Abby avant que vous ne soyez congelés. On n'attend plus que vous. Tu dois avoir faim ? demanda-t-il à son fils.

Declan partit comme une flèche, ce qui nous fit rire. Edward m'aida à me lever.

— Comment vas-tu ? m'inquiétai-je.

— Mieux, depuis que je vous ai retrouvés tous les deux. Merci de m'avoir forcé à épargner Declan, je voulais vous garder avec moi, c'était égoïste.

— Non, c'est normal. Mais tu as choisi le bien de ton fils. Et on est là, maintenant.

En arrivant une dizaine de minutes plus tard, je pus constater que nous étions attendus. Pour preuve les nombreux « les voilà ! » qui résonnèrent.

Les heures qui suivirent furent riches de convivialité,

de chaleur humaine et de réconfort. Tout le monde parlait, se tapotait dans le dos ou se prenait la main, ou encore évoquait dans une atmosphère douce ses souvenirs d'Abby. Sa générosité, sa joie de vivre avaient marqué chaque personne présente. Elle avait tour à tour joué la mère, la grand-mère, la meilleure amie, la nounou… Jack, par sa bienveillance à l'égard de tous, reprenait le flambeau, sans se laisser submerger par sa peine. Il était fier, mais je surpris à plusieurs reprises son regard dans le vague, ou encore sa main caressant distraitement le plaid qui recouvrait le rocking-chair de sa femme. Je me souvenais de ce sentiment de solitude éprouvé à la mort de Colin et Clara, bien que j'eusse été plongée dans une colère noire et le refus de la réalité ; tout le monde vient vous voir, tente de vous consoler, et ça ne fait rien, on reste vide. J'aidais Judith en cuisine, nous étions les deux jeunes filles de la maison. Declan courait entre les convives en grignotant à droite et à gauche, sans oublier de venir régulièrement s'assurer que j'étais encore là. Avec Edward, nous nous cherchions du regard en permanence, je le sentais toujours à proximité, j'étais saisie d'un irrépressible besoin de vérifier s'il allait bien. À aucun moment je n'eus le sentiment d'être une étrangère au milieu de cette communauté qui pleurait un de ses membres. Bien au contraire, avec naturel, on me faisait comprendre que j'en faisais partie, que je le veuille ou non, peu importait mon adresse postale. J'étais associée au chagrin de Jack, Judith, Declan et Edward. Pour tous les habitants, j'étais de la famille. Je le sentais dans leurs regards, leur façon de s'adresser à moi et de s'inquiéter à mon sujet. Une partie de moi se remplissait de bonheur grâce à cette reconnaissance, à ce sentiment nouveau d'appartenance à un clan ; l'autre s'effondrait de tristesse. Je ne vivais pas, et ne vivrais jamais auprès d'eux. J'avais tout reconstruit à Paris où m'attendaient Olivier, Félix et *Les Gens*. Je n'aurais avec cette famille que des moments fugaces qui, si merveilleux soient-ils, resteraient éphémères. Mes yeux se posèrent sur Edward, qui discutait avec un couple du village. Ma respiration se coupa un bref instant. Pourrais-je continuer à refouler mes sentiments pour lui deux jours encore ? J'avais besoin de prendre l'air ; je m'éclipsai discrètement. Tout en fumant une cigarette que j'espérais relaxante, je me forçai à canaliser les soubresauts de mon cœur. Il faisait nuit, le froid était devenu cinglant, je m'entourai de mes bras pour me réchauffer. Au fond de moi, j'attendais une chose et cela arriva :

— Ça va ? me demanda Edward qui m'avait rejointe.

Je haussai les épaules en guise de réponse. Il s'alluma une cigarette, la garda entre ses lèvres et retira sa veste dont il couvrit mes épaules. Je levai les yeux vers lui, il fixait un point imaginaire droit devant. Nous restâmes le temps de nos cigarettes, sans dire un mot de plus. À quoi bon ?

En rentrant dans la maison, j'aperçus Declan, avachi sur le canapé, ses petits yeux luttant pour rester ouverts.

— Regarde ton fils, il dort debout… je pourrais rentrer avec lui. Reste encore avec Jack et Judith.

— Tu es sûre ?

Sans lui répondre, je me dirigeai vers Declan et lui proposai de rentrer ; il accepta immédiatement. Je lui pris la main et l'accompagnai dire au revoir à Jack et à Judith. Il leur fit un câlin à chacun. Jack me serra dans ses bras.

— Tu viendras me voir demain ? me demanda-t-il.

— Bien sûr, je ne repartirai pas sans passer un peu de temps ici.

— Oh… je ne t'accaparerai pas longtemps, je préfère que tu profites d'eux, me répondit-il en désignant le père et le fils de la tête.

Je lui fis un petit sourire avant d'embrasser Judith. Ensuite, je rejoignis Edward, prêt à faire un aller-retour pour nous déposer. Le propriétaire du pub et sa femme se mirent en travers de notre chemin et nous offrirent de partager leur voiture. Notre chauffeur attitré se préparait à refuser quand je l'interrompis :

— Merci beaucoup, c'est très gentil.

Puis, me tournant vers Edward, plus renfrogné que jamais :

— Ne t'inquiète pas, tu nous retrouves bientôt…

Il soupira, obtempéra, mais tint à nous escorter jusqu'à la voiture. Declan grimpa le premier, à l'arrière, pendant qu'Edward remerciait notre taxi. Il ne s'éternisa pas, et revint vers moi avant que je monte en voiture. J'anticipai ses réactions.

— On ne va pas disparaître, on rentre chez toi, et on se met au lit. Passe du temps avec Jack et Judith. On va bien, ton fils et moi.

Il m'attrapa par la taille et m'embrassa longuement sur la tempe.

— On se retrouve à la maison, murmura-t-il dans mes cheveux.

Cette toute petite phrase eut le don de faire résonner des sensations et des envies enfouies au plus profond de mon être.

Declan et moi fûmes ramenés à bon port. Postman Pat aboyait à la mort derrière la porte. La pauvre bête… je lui ouvris, il nous fit la fête avant de partir gambader sur la plage dans la nuit noire. J'accompagnai Declan à l'étage, où il se mit en pyjama sans dire un mot et alla docilement se laver les dents, pendant que je lui préparais son lit. Il revint dans sa chambre et se glissa sous la couette, toujours silencieux, son petit visage fermé et anxieux.

— Je vais rester avec toi.

Je m'agenouillai, passai la main dans ses cheveux en murmurant la berceuse, tandis qu'il respirait l'écharpe de sa mère. La journée avait été éreintante, il ne réussit pas à lutter. Je posai ma tête près de lui sur son oreiller et le regardai. Cet enfant était si courageux, il bravait les épreuves que lui imposait la vie sans faire de bruit, ou si peu ! J'avais tellement envie de le protéger et de lui offrir l'insouciance de l'enfance. Il fallait tout faire pour qu'il soit désormais épargné. Lorsque je fus certaine qu'il dormait à poings fermés, je m'éloignai en silence. Je regagnai le rez-de-chaussée et récupérai Postman Pat qui attendait sagement derrière la porte d'entrée. Je décidai d'aller me coucher à mon tour, au moins de m'allonger, sans toutefois céder au sommeil, au cas où Declan se réveillerait. Le chien me suivit à l'étage. Mais une surprise m'attendait dans mon lit : un petit intrus qui, tout endormi qu'il était, avait trouvé le moyen de se traîner dans la chambre de son père et de grimper dans mon lit. Il ouvrit les yeux et me fixa, penaud.

— Je peux dormir avec toi ?

Je lui souris doucement.

— Tu me laisses cinq minutes et j'arrive.

Il soupira de soulagement ; je partis m'enfermer dans

la salle de bains. Une fois prête, je m'assis sur le rebord de la baignoire. Je dépassais toutes les limites, j'abattais toutes mes défenses avec cet enfant ; je n'avais plus l'attitude d'une amie éloignée de la famille et je n'y pouvais rien.

Postman Pat était couché par terre au pied du lit, Declan m'attendait au chaud sous la couette. Je laissai la porte ouverte et la lampe de chevet allumée, et me couchai à mon tour. Il vint se blottir contre moi, je le serrai dans mes bras en lui embrassant le front. Il ne mit pas longtemps à retomber dans les bras de Morphée. Je respirai son odeur tout en pensant à Clara. J'avais la certitude qu'elle ne m'en voulait pas, qu'elle savait que personne ne la remplacerait, elle resterait ma fille, le plus beau cadeau que la vie m'avait fait. Mais mon cœur pouvait se gonfler pour d'autres enfants, j'y avais de la place à revendre, j'aimais les enfants, je les avais toujours aimés, j'avais rêvé d'une grande famille, moi la fille unique. Declan, à l'image de son père il y avait un an, avait pansé une de mes plaies, peut-être la plus difficile, la plus douloureuse et la plus viscérale. Sa détresse, sa personnalité m'avaient bousculée, m'avaient fait réaliser que je ne pouvais pas lutter contre ce que j'étais : une mère en sommeil, mais aussi une mère en devenir. Le manque de Clara resterait incrusté dans ma chair jusqu'à mon dernier souffle, mais j'avais appris à vivre avec et je continuerais à apprendre tout au long de ma vie. Une personne le savait avant moi : Félix. Je l'entendais encore me dire trivialement : « Un jour, ça te retravaillera ! » Et moi, têtue, enfermée dans mes idées noires, je lui assurais le contraire.

Je somnolai par intermittence. La porte d'entrée claqua au loin. Postman Pat leva la tête, je lui fis signe de ne pas bouger. Sa queue battait le sol, son maître était de retour. Edward s'arrêta devant la porte de sa chambre ouverte et nous trouva, son fils et moi, dans son lit. Il resta un long instant sur le seuil à nous regarder. Puis il s'approcha de nous. Il posa ses mains et un genou sur le matelas.

— Je vais le remettre dans son lit, me dit-il à voix basse.

— Non, laisse-le, tu vas le réveiller, il est bien, là.

— Ce n'est pas sa place.

— En temps ordinaire, j'aurais été d'accord avec toi ! Mais là, il a tous les droits.

Je me redressai. Nous nous défiâmes du regard. Je ne céderais pas.

— Papa, ronchonna Declan dans son sommeil.

Notre attention se porta sur lui, qui entrouvrit les yeux, se détacha de moi et nous regarda.

— Tu vas retourner dans ta chambre, insista Edward. Laisse Diane tranquille, je vais rester avec toi.

Declan trouva une nouvelle position et se frotta le visage contre l'oreiller.

— Dormir tous les trois, papa…

Je ne m'attendais pas ça, Edward non plus ! Declan lui attrapa la main.

— Viens, papa, murmura-t-il.

Edward plongea ses yeux dans les miens, je me rallongeai et lui souris. Il lâcha la main de son fils et s'assit au bord du lit, dos à moi. Il appuya ses coudes sur les genoux et se prit la tête entre les mains. Je savais ce qu'il pensait, je pensais la même chose : nous voulions protéger et rassurer cet enfant, ce qui impliquait de nous faire souffrir nous-mêmes et de nous mettre dans une situation impossible. Intenable.

— Tu es sûre ? chuchota-t-il sans me regarder.

— Viens.

Il se leva, fit le tour du lit pour éteindre la lumière. Je l'entendis évoluer dans la pénombre puis se déshabiller avant de nous rejoindre. Le matelas s'affaissa, la couette bougea. Je me tournai sur le côté, face à lui. Ma vue s'acclimata à l'obscurité, je le distinguai : il me regardait, un bras replié derrière sa tête. Je m'endormis sans le quitter des yeux et sans m'en rendre compte ; j'étais bien, en paix, avec un petit homme dans les bras et un grand qui me faisait oublier tout ce qui n'était pas lui.

– 10 –

Quelqu'un me tapotait le bras. J'entrouvris un œil : Declan cherchait à me réveiller. C'était réussi. Je sentais un poids sur mon ventre ; le bras d'Edward nous clouait au matelas, son fils et moi, alors que son propriétaire dormait profondément.

— On va aller prendre le petit déjeuner, chuchotai-je à Declan. Pas de bruit, on laisse papa dormir.

Je soulevai le plus délicatement possible la main d'Edward qui reposait sur ma taille. Sitôt libéré, Declan s'extirpa du lit. Postman Pat, qui n'avait pas bougé de la nuit, se leva à son tour en battant de la queue. Je sortis de la couette en empêchant le chien de s'approcher du lit et de réveiller son maître. Declan et Postman Pat filèrent tous les deux dans l'escalier. Avant de refermer la porte, je jetai un dernier coup d'œil à Edward ; il s'était déplacé en travers du lit, la tête sur mon oreiller. Comment pourrais-je oublier cette image ?

Declan m'attendait, installé sur un tabouret de bar. J'enfilai un pull de son père qui traînait et m'attelai à la préparation du petit déjeuner. Dix minutes plus tard, nous étions côte à côte, Declan avec ses tartines et son chocolat chaud, et moi avec mon café. Je me coulais dans une vie de famille, sans réserve, sans crainte, sans réfléchir.

— On fait quoi aujourd'hui ? me demanda-t-il.

— Je vais aller rendre visite à Jack.

— Et après ? Tu restes avec nous ?

— Bien sûr, ne t'inquiète pas.

Il parut rassuré, pour un temps. Dès qu'il eut fini de manger, il sauta de son tabouret et alluma la télévision. Je rechargeai ma tasse en café, attrapai mon paquet de cigarettes et mon téléphone pour m'installer sur la terrasse en bravant le froid. Je me sentis mal en découvrant le nombre d'appels en absence et de SMS d'Olivier. Je n'avais donné aucun signe de vie, je n'avais pas pensé à lui une seule seconde. J'allumai une clope en tremblant avant de l'appeler. Il décrocha à la première sonnerie.

— Mon Dieu ! Diane, je me suis tellement inquiété pour toi.

— Excuse-moi… la journée d'hier a été éprouvante…

— Je peux comprendre… mais ne me laisse plus sans nouvelles comme ça…

Je lui racontai brièvement l'enterrement et la soirée qui avait suivi en omettant mes émotions et les chamboulements vécus. Je déviai ensuite la conversation vers Paris et *Les Gens*… L'espace de quelques secondes, j'eus le sentiment qu'il me parlait d'une vie qui n'était pas la mienne, qui ne me concernait pas. Je contemplais la mer déchaînée pendant qu'il m'expliquait que Félix était fier du chiffre d'affaires des deux derniers jours, et qu'il s'était lancé dans l'organisation d'une nouvelle soirée thématique. Ça ne m'enchantait ni ne me réjouissait pas plus que ça. Je répondais laconiquement par des

« c'est bien ». La baie vitrée s'ouvrit dans mon dos, je me retournai, persuadée de trouver Declan ; je me trompais. Edward, les cheveux encore mouillés après sa douche, me rejoignit avec son café et ses cigarettes. Nous nous regardâmes dans les yeux.

— Olivier, je dois te laisser…

— Attends !

— Dis-moi.

— Tu rentres demain ? Tu rentres vraiment ?

— Euh… mais… pourquoi me demandes-tu ça ?

— Tu ne restes pas là-bas ?

Je ne quittai pas Edward des yeux, il ne comprenait pas notre conversation, mais, à l'intensité de son regard, je sus qu'il en avait saisi l'importance. Mes yeux s'embuèrent. Mon cœur allait se briser, quoi qu'il arrive. Mais la seule réponse possible était celle-ci :

— Rien n'a changé, je rentre demain.

Edward inspira profondément et vint s'accouder à la rambarde de la terrasse, à une certaine distance de moi. À travers la baie vitrée, je vis Declan jouer avec ses petites voitures. Le chien le surveillait du coin de l'œil. Je sentais Edward si près et si loin de moi. Je rentrais à Paris le lendemain.

— Très bien, entendis-je Olivier me dire au loin.

— Ne viens pas me chercher à l'aéroport, ce n'est pas la peine… Je t'embrasse.

— Moi aussi.

— À demain.

Je raccrochai. En restant dos à la mer, je fumai une nouvelle cigarette. Ni l'un ni l'autre ne dit un mot. Après avoir écrasé mon mégot, je décidai de rentrer.

— Je vais m'habiller, je dois aller voir Jack, dis-je à Edward, la main sur la poignée.

Je filai à l'étage sans rien dire à Declan, attrapai des vêtements propres dans ma valise et m'enfermai à double tour dans la salle de bains. La pièce transpirait la présence d'Edward : la buée de sa douche sur le miroir, le parfum de son savon. Je restai de longues minutes sous l'eau chaude en me mordant le poing, laissant couler mes larmes. Mes désirs, mes sentiments importaient peu, seules la responsabilité et la raison comptaient. Il me restait vingt-quatre heures à passer avec eux. Ensuite, je partais.

En sortant de ma cachette, j'entendis Edward et Declan, tout proches : ils étaient dans le bureau. Je m'approchai et m'appuyai au chambranle de la porte. Ils étaient installés devant l'ordinateur, Edward retouchait des photos et demandait à son fils ce qu'il en pensait. La complicité était bien née entre eux, ils formaient une paire. Je n'étais jamais rentrée dans cette pièce. Ce ne fut pas le bordel généralisé qui accrocha mon regard, mais une photo noir et blanc punaisée sur le mur au-dessus de l'écran. Elle était cornée, elle avait été manipulée à de nombreuses reprises pour être dans un état pareil… C'était la devanture des *Gens*, on m'apercevait en transparence derrière la vitrine, souriante, les yeux dans le vague. Elle avait tout de la photo volée. Quand l'avait-il prise ? Le jour où il était venu me voir ? Impossible, j'avais passé mon temps à surveiller la rue, je l'aurais forcément aperçu. Il était donc venu près de moi, sans chercher à me voir. Ses paroles vieilles de plusieurs mois résonnaient encore : « Il n'y a plus de place dans ma vie pour toi. »

— Diane ! Tu es là !

La voix de Declan me fit sursauter et me rappela que ce n'était pas le moment de demander des explications.

— Vous faites quoi ? leur demandai-je en avançant dans la pièce.

— J'ai un peu de boulot, répondit Edward.

— Declan, tu veux venir avec moi voir Jack ?

— Oui !

— File t'habiller !

Il détala à toute vitesse. Je n'arrivais pas à quitter la pièce, pourtant, je fuyais le regard d'Edward.

— Tu vas pouvoir travailler tranquille. Rejoins-nous quand tu veux.

Je sentis qu'il s'approchait de moi.

— À quelle heure est ton vol, demain ?

— 14 heures… N'en parlons pas, tu veux bien ? Profitons de notre journée.

Je levai le visage vers lui, nous nous regardâmes intensément, notre respiration s'accéléra, je sus que j'en voulais plus pour le peu de temps qu'il nous restait. Nos corps se frôlèrent.

— Ça y est ! Je suis prêt !

D'un bond, je remis de la distance entre nous.

— Allons-y ! déclarai-je à Declan, la voix un peu haute.

Je sortis de la pièce, légèrement chancelante. Declan dit au revoir à son père, et nous gagnâmes le rez-de-chaussée pour enfiler manteau, écharpe et bonnet ; il faisait mauvais ce jour-là.

— C'est parti !

Je sifflai Postman Pat, qui arriva en trottinant. J'ouvris la porte d'entrée, Declan glissa sa petite main dans la mienne.

— À tout à l'heure, entendis-je dans mon dos.

Je regardai par-dessus mon épaule ; Edward nous observait depuis l'escalier. Nous échangeâmes un sourire.

Ce trajet, qui d'ordinaire prenait vingt minutes, requit presque une heure. Je courais après chaque instant avec cet enfant ; je jouais avec lui, je riais avec lui, comme si je cherchais par tous les moyens à l'incruster dans ma mémoire, ne pas l'oublier, me souvenir de sa force, de son instinct de survie, me nourrir de lui. Ou tout simplement parce que je l'aimais, et que j'allais bientôt le quitter lui aussi. Ça relevait de l'insupportable.

C'est en faisant la course que nous pénétrâmes dans le jardin d'Abby et Jack. Penser à cette maison sans y associer Abby resterait inimaginable très longtemps. Jack arrachait des mauvaises herbes d'un parterre de sa femme. Je savais ce qu'il cherchait à faire ; s'occuper pour oublier, en mettant tout en œuvre pour rester avec elle… L'ambivalence du deuil.

— Eh bien, les enfants ! Quelle arrivée !

Declan lui sauta dans les bras. Jack me fit signe de les rejoindre et me serra contre lui.

— Comment vas-tu ce matin ? lui demandai-je. As-tu dormi un peu ?

— On va dire que je me suis réveillé tôt !

Il posa Declan au sol.

— Bah… on s'emmerde pas ! C'est pas les vacances, ici !

Judith, les mains sur les hanches et en tenue de combat de ménage, était sur le perron.

— Ne râle pas, je viens t'aider !

Elle remettait en ordre la maison après le dîner de la veille. À mon tour, je remontai mes manches, et lui donnai un coup de main. Cela nous prit toute la fin de matinée. L'atmosphère était sereine, l'absence d'Abby pesait, évidemment, mais sans être oppressante. Nous l'évoquions avec Judith, en riant, en versant une larme aussi parfois.

Aux alentours de midi, Jack rentra avec Declan, et lança une flambée dans la cheminée. J'envoyai Judith se doucher et pris en charge la préparation du repas. Je surveillais la cuisson lorsque, par la fenêtre, je vis Edward garer sa voiture. Je ne bougeai pas. Rapidement, je l'entendis parler avec Jack, et demander où j'étais. Quelques secondes plus tard, je n'étais plus seule dans la cuisine. Il vint près de moi.

— Tu as besoin d'aide ?

— Non, lui répondis-je avec un regard de côté. Il n'y a plus qu'à mettre la table.

— On va le faire avec Declan.

Il appela son fils, et finalement c'est tous les trois que nous dressâmes le couvert. Jack voulut donner un coup de main. Je l'en empêchai, le forçant à rester assis et lui tendant son journal : « Tu es invité chez toi ! »

Je fus heureuse de le faire rire, ainsi qu'Edward. J'apportais la marmite lorsque Judith arriva à son tour. Elle marqua un temps d'arrêt en nous découvrant tous les trois en train de nous affairer autour de la table. Elle riva son regard au mien, puis observa son frère avant de secouer la tête.

Le déjeuner se prolongeait ; Declan finit par ne plus tenir en place. Il gesticulait sur sa chaise entre son père et moi. Je me penchai vers lui.

— Que t'arrive-t-il ?

— J'en ai marre.

Je lui souris et désignai de la tête son père, qui se rendit compte que nous complotions et me fit un clin d'œil.

— Prends le chien et va dehors, lui proposa-t-il.

Il ne demanda pas son reste. Je le rappelai, ce fut plus fort que moi.

— Habille-toi chaudement, il fait froid.

— Promis ! me cria-t-il de l'entrée.

— Il va tomber comme une masse, ce soir, dis-je à Edward.

— Tant mieux.

Nous nous sourîmes.

— Putain ! s'exclama Judith. Vous allez en chier !

Mes épaules s'affaissèrent, elle avait raison.

— Laisse-les tranquilles, s'il te plaît, l'interrompit Jack.

— Moi, je dis ça pour vous, continua-t-elle. Et pour lui.

— Tu n'as pas besoin de nous le rappeler, lui répondit sèchement son frère. On est au courant.

Il serra les poings sur la table, je posai la main sur son bras pour le calmer, son regard s'y attarda avant de scruter mon visage. Puis il prit ma main dans la sienne et s'adressa à nouveau à sa sœur.

— Peux-tu venir le garder demain matin et le déposer à l'école ? On doit partir tôt pour l'aéroport.

— Évidemment !

— Attends ! les coupai-je. C'est ridicule, Edward. Je vais me débrouiller, louer une…

— N'essaye même pas ! trancha-t-il en me serrant plus fort la main.

— Les enfants ! Calmez-vous, intervint Jack.

Son intervention fonctionna, nos trois visages se tournèrent vers lui.

— Diane et Edward, allez prendre l'air avec Declan, puis rentrez chez vous sans repasser par ici. Judith, va te distraire et voir des amis.

Le frère et la sœur protestèrent, je les laissai faire et observai Jack ; il ne voulait pas être un poids et avait besoin d'être seul, en tête à tête avec le souvenir de sa femme. Il leva la main, ce qui les fit taire.

— N'attendez pas pour reprendre le cours de vos existences… je n'ai pas peur de la solitude. Je vais mener ma petite vie, ne vous inquiétez pas pour moi. De toute façon, cet après-midi, je ne resterai pas avec vous ici, je vais rendre visite à Abby.

Plus personne ne chercha à le contredire. Il se leva et commença à débarrasser. Je m'empressai de l'aider, Judith et Edward me suivirent. En moins de temps qu'il ne fallait pour le dire, la salle à manger était propre, et le lave-vaisselle lancé. Edward échangea une accolade avec son oncle et sortit rejoindre Declan dans le jardin. Judith s'approcha de moi.

— Désolée pour mon coup de sang, mais je m'inquiète pour vous.

— Je sais.

— On se voit demain matin, me dit-elle avant de quitter la cuisine.

Nous étions seuls, Jack et moi. Il me fit un grand sourire et m'ouvrit ses bras. Je m'y réfugiai.

— Merci d'être venue, ma petite Française…

— C'était ma place. Prends soin de toi…

— Tu sais que tu es ici chez toi.

— Oui, murmurai-je.

— Je ne te dirai rien de plus. Tu sais ce qu'il y a à savoir…

J'embrassai sa grosse barbe blanche, et m'enfuis de

cette cuisine. Edward, Declan et Postman Pat étaient dans la voiture. Je grimpai à mon tour dans le Range Rover et claquai la portière.

— Où allons-nous ?

Je plongeai mes yeux dans ceux d'Edward, interrogatifs. Au loin, j'entendis la ceinture de Declan se détacher, il se glissa entre nous en s'accoudant à nos appuis-tête. Je palpai toutes les questions, les hésitations d'Edward.

— Encore quelques heures, lui dis-je.

Sa réponse : allumer le moteur et prendre la route.

Le reste de l'après-midi fusa. Edward me fit découvrir une autre petite partie de la Wild Way Atlantic. Il poussa jusqu'aux premières falaises d'Achill Island. Declan monopolisait la conversation en jouant le guide touristique. Nous échangions des regards complices avec Edward en l'écoutant étaler sa science. Nous tentâmes le diable en sortant de la voiture alors qu'il pleuvait des cordes. Et ce fut trempés jusqu'aux os que nous rentrâmes au cottage. Edward commença par allumer un feu de cheminée et envoya son fils se doucher. Je le suivis à l'étage et enfilai des vêtements secs. Pendant que Declan se lavait, je retapai son lit, rangeai le bazar dans sa chambre, et préparai ses affaires d'école pour le lendemain. Quand il me rejoignit, il se dirigea vers moi.

— Tu veux bien me lire une histoire ?

— Choisis des livres et on va aller en bas, avec papa.

Nous nous installâmes sur le canapé, je passai mon bras autour de lui, il se nicha contre mon sein. Je me lançai dans la lecture. J'eus un flash de ma tentative avortée d'atelier de lecture pour enfants aux *Gens*. Je pris conscience du chemin parcouru. Une question subsistait encore : si ç'avait été un enfant inconnu, aurais-je été capable de le faire ? Pas si sûr. J'aimais Declan, je n'avais plus peur de me l'avouer. Je tenais à la place qu'il m'avait accordée dans sa vie. À certains moments, je levais le nez du livre et croisais le regard d'Edward, qui, après s'être changé à son tour, préparait le dîner. Mes yeux devaient lui refléter le cafard qui m'envahissait, et dans les siens, en plus de la tristesse, je retrouvais sa colère coutumière. Je me fis la remarque que cela faisait longtemps que je ne l'avais pas vue s'exprimer. Nous nous retenions de laisser éclater notre malaise pour épargner Declan. Et finalement, avions-nous le choix ?

À table, Declan luttait pour garder les yeux ouverts, ce qui avait l'effet d'apaiser son père ; Edward le regardait tendrement.

— Tu dors dans ton lit, ce soir, lui annonça-t-il.

— Oui…

Il devait vraiment être épuisé pour ne pas chercher à négocier. Edward fronça les sourcils.

— C'est Judith qui t'emmène à l'école demain.

— Oui…

— Tu veux aller te coucher maintenant ?

Il se contenta de hocher la tête. Il sortit de table et vint me prendre la main. Je me levai et le suivis, prête à monter, mais il fit un crochet vers son père dont il attrapa la main aussi. Et je pensai : encore un peu de courage. Nous échangeâmes un regard avec Edward, puis il hissa son fils dans ses bras et Declan s'enroula autour de lui, sans me lâcher. Une fois dans sa chambre, Edward le déposa dans son lit et remonta la couette sur lui. Je m'agenouillai près de son visage. Automatiquement, il mit l'écharpe de sa mère contre son nez. De sa main libre, il me caressa la joue. Je fermai les yeux.

— Pars pas, Diane.

Sa demande me broya de l'intérieur.

— Dors, mon bonhomme. On se voit demain matin.

Il était déjà tombé dans les bras de Morphée. Je lui embrassai le front et me relevai. Edward m'attendait à la porte, les traits à nouveau tendus. En traversant le couloir, la porte ouverte de son bureau m'attira, j'y pénétrai sans lui en demander l'autorisation et décrochai la photo du mur.

— Quand l'as-tu prise ?

— Quelle importance ? me dit-il, alors qu'il était resté sur le seuil.

— S'il te plaît… Réponds-moi.

— Le matin de l'exposition.

Sa voix était lasse. Mes épaules s'affaissèrent, ma gorge se noua. La complexité et l'impossibilité de notre relation, les difficultés, les secrets, les non-dits, les sentiments enfouis nous épuisaient l'un et l'autre.

— Et pourquoi la gardes-tu ?

— Pour me servir de pense-bête.

Il tourna les talons et dévala l'escalier. Je m'assis à son bureau, la photo toujours entre les mains, les yeux braqués dessus. Face à moi-même aux *Gens*, chez moi, dans ma vie. Indéniablement, je semblais heureuse. À cette époque, il n'y avait plus d'ombre qui planait autour de moi, j'avais tout pour l'être. Du moins le croyais-je… Car quelques heures après qu'elle eut été prise, tout avait basculé, et, depuis, la situation n'avait fait que m'échapper. Les certitudes quant à mes choix, pour lesquels j'avais tant bataillé ces derniers mois, s'effondraient les unes après les autres. Je finis par détourner le regard de cette représentation de la Diane parisienne, propriétaire de son café littéraire, et en couple avec Olivier. J'aperçus une pile de photos qui évoquaient d'autres souvenirs : celles qu'Abby avait demandées à Edward lorsque j'étais revenue la première fois. On nous y voyait tous réunis sauf le photographe, mais sa présence était si forte qu'on la percevait. Moi, j'étais différente, c'était certain. À aucun moment, je n'avais l'air ailleurs, j'étais là, les yeux toujours posés sur l'un ou l'autre, ou bien en quête d'Edward. J'avais une place que je prenais.

Edward était assis sur le canapé, une cigarette aux lèvres, apparemment absorbé par le feu de cheminée, deux verres de whisky devant lui sur la table basse. Je fis ce dont j'avais envie, et ce dont j'avais besoin à cet instant. Je me pelotonnai contre lui, la tête calée sur son torse, les jambes repliées ; il referma son bras sur mes épaules. Nous restâmes là, silencieux durant de très longues minutes, j'écoutai son cœur battre et le bois qui craquait.

— Diane…

Je ne l'avais jamais entendu parler si bas, comme s'il s'apprêtait à dévoiler un secret.

— Je t'écoute.

— Ne reviens plus ici, s'il te plaît.

Je me blottis plus étroitement contre lui, il me serra plus fort.

— On ne peut plus se bercer d'illusions, reprit-il. Ni jouer la comédie…

— Je sais…

— Je refuse que Declan paye pour notre histoire…

il est déjà trop attaché à toi… il te veut à une place que tu ne peux pas lui offrir… Il a besoin de stabilité…

— On doit le protéger… nous n'avons pas le choix.

Je frottai mon visage contre sa chemise, il embrassa et respira mes cheveux.

— Et moi… je…

Il s'éloigna, se leva brusquement, vida son verre d'un trait et se posta devant la cheminée, dos à moi, les épaules voûtées. Je me mis debout à mon tour et m'approchai de lui. Il s'en rendit compte en jetant un coup d'œil par-dessus son épaule.

— Reste là…

Je m'arrêtai, j'avais mal partout, à la tête, au cœur, à la peau. Edward inspira profondément.

— Je ne veux plus souffrir de t'aimer… C'est invivable… ça fait trop longtemps que ça dure… Mon pense-bête ne suffit plus à me rappeler que tu as construit une vie où tu n'es ni la mère de Declan ni ma femme…

Se rendait-il compte des mots qu'il employait ? Mots et confessions qui me bouleversaient. Il se livrait véritablement pour la première fois, et ça nous faisait du mal.

— Ta vie est et sera toujours à Paris.

— C'est vrai, murmurai-je.

Il me fit face et me regarda droit dans les yeux.

— Je dois t'oublier une bonne fois pour toutes…

Ça sonnait comme une promesse et un défi insurmontable.

— Pardonne-moi, lui dis-je.

— Ce n'est la faute de personne… on n'a jamais eu d'avenir ensemble… Nous n'aurions pas dû nous rencontrer et encore moins nous revoir… Reprends ta route…

— Tu regrettes de m'avoir rencontrée ?

Il me fusilla du regard et secoua la tête.

— Va te coucher… c'est préférable.

Ma première réaction fut de lui obéir ; je tournai les talons et me dirigeai vers l'escalier. Et puis je m'arrêtai. Il n'avait pas le droit de me dire tout ça, de partager sa souffrance sans écouter la mienne. Il croyait quoi ? Que cela allait être facile pour moi, de tirer un trait sur lui et sur son fils, de rentrer à Paris et de faire semblant d'aimer Olivier ? Alors que je lui appartenais intégralement, et ce, même si j'avais parfaitement conscience de l'impossibilité de notre histoire. Je lui fis face, il ne m'avait pas lâchée des yeux. Je traversai le salon en courant, et me jetai sur lui. Il me repoussa, et me tint à distance.

— Ça ne peut pas se finir comme ça !

— Diane… arrête…

— Non, je n'arrêterai pas ! J'ai des choses à te dire !

— Je ne veux pas les entendre.

La dureté de son ton me fit reculer, et puis je me dis que ça suffisait. J'attrapai son visage et l'embrassai. Il répondit à mon baiser furieusement, en m'enfermant dans l'étau de ses bras. J'y mis toute ma frustration des derniers mois. Je me hissai sur la pointe des pieds, me coulai contre son corps, essayant de me faire plus petite, pour disparaître avec lui, pour être encore plus proche. J'en voulais plus ; plus de lui, de ses lèvres, de sa peau. Je n'avais jamais ressenti un tel désir, ni une envie si forte de m'abandonner à un homme. Oui, il avait été ma béquille, mais aujourd'hui mes sentiments allaient bien au-delà. Je l'avais d'abord mal aimé, pas comme il fallait, désormais chaque fibre de mon être, de mon cœur et de mon corps le désirait. J'aimais sa force et ses faiblesses. Dans un râle de souffrance, il m'arracha à lui.

— On va se faire encore plus de mal, arrête, s'il te plaît…

— Une nuit… il nous reste une nuit d'illusion.

Il luttait tellement pour garder le contrôle de ses émotions, il s'interdisait de vivre depuis si longtemps, terrifié par la douleur d'amour et écrasé par les responsabilités qu'il s'imposait. Je pris sa main dans la mienne, et l'entraînai à l'étage. Je le laissai devant sa chambre pour vérifier que celle de Declan était bien fermée. Il m'attendait, appuyé contre le chambranle de la porte. Il riva son regard au mien.

— Il est encore temps de ne pas aller plus loin.

— C'est vraiment ce que tu veux ?

Tout en nous enfermant dans la chambre, il me poussa jusqu'à son lit. Si, un instant, il avait été perdu et faible, c'était fini ; il prenait le pouvoir sur moi. La dureté du baiser qu'il me donna me le confirma. Nous nous effondrâmes sur le lit, saisis par l'urgence de nous aimer, nous déshabillant brutalement, cherchant nos lèvres, palpant nos peaux affamées. La proximité de Declan, nous imposant un silence absolu, et la conscience que nous n'avions que quelques heures devant nous ajoutaient de l'intensité à cet instant que nous attendions depuis si longtemps : être l'un à l'autre. Quand il me pénétra, ma respiration se coupa, nos regards s'ancrèrent l'un dans l'autre. Je lus dans le sien tout l'amour, le désir, mais aussi toute la souffrance qu'il ressentait. Jouir du corps d'Edward m'arracha des larmes. Il s'écroula sur moi en me serrant davantage contre lui, je le gardai emprisonné entre mes jambes en caressant ses cheveux. Puis, j'attrapai son visage entre mes mains. Il m'embrassa doucement, l'orage était passé.

— Je t'aime, murmurai-je.

— Ne redis jamais cela… ça ne change rien…

— Je sais… mais pour quelques heures, autorisons-nous à être libres de tout.

Nous pûmes nous aimer sans réserve toute la nuit. Par moments, nous somnolions, nos peaux moites collées l'une à l'autre. Et le premier qui ouvrait les yeux réveillait l'autre par ses caresses et ses baisers.

— Diane…

Je me blottis plus étroitement contre son torse en m'accrochant davantage à lui, en mêlant ses jambes aux miennes. Il m'embrassa la tempe.

— Je vais me lever… je ne veux pas que Declan nous trouve ensemble.

Sa remarque eut le don de me réveiller totalement.

— Tu as raison.

Je redressai la tête, et passai un doigt le long de sa mâchoire contractée. Il attrapa ma main et embrassa ma paume. Puis il se détacha de moi, s'assit au bord du lit en s'ébouriffant les cheveux. Il me regarda par-dessus son épaule, j'esquissai une tentative de sourire, il me caressa la joue.

— J'y vais…

— Oui.

Je lui tournai le dos, je ne voulais pas le voir quitter la chambre, je ne voulais pas conserver cette image, je ne voulais me souvenir que de notre nuit d'amour. Je serrai son oreiller de toutes mes forces au moment où la porte se referma avec un léger bruit.

Je restai peut-être une demi-heure au lit. Me lever me demanda un effort surhumain, ainsi que récupérer mes vêtements éparpillés aux quatre coins de la pièce. Je luttai contre mes vieux démons : j'avais envie de ne pas me laver, conserver son odeur sur moi le plus longtemps possible. Mais Edward n'était pas mort.

Le jour n'était pas encore tout à fait levé lorsque je gagnai le rez-de-chaussée. Je déposai mon sac de voyage dans l'entrée. Une tasse de café fumant m'attendait sur le bar de la cuisine, j'en avalai quelques gorgées. Ensuite, je me dirigeai vers la terrasse où Edward se tenait, cigarette aux lèvres. S'il m'entendit arriver, il ne réagit pas. Je vins me coller à lui en prenant sa main dans la mienne, nos doigts s'entrelacèrent, et il m'embrassa les cheveux en soupirant. Je fermai les yeux en me blottissant contre lui. Au loin, nous entendîmes une voiture se garer devant le cottage.

— Voilà Judith, me dit-il.

Je m'apprêtais à m'éloigner de lui, persuadée qu'il souhaitait garder secrètes nos retrouvailles.

— Reste là.

Il lâcha ma main, pour me serrer plus fort contre lui, dans ses bras. Je cachai mon visage dans sa chemise, j'aspirai à pleins poumons son parfum. La porte d'entrée claqua : Judith et sa discrétion légendaire.

— Il va falloir aller réveiller Declan, m'annonça Edward.

Je m'agrippai à sa chemise.

— Allons-y.

Il m'entraîna à l'intérieur. Judith nous attendait, café à la main, accoudée au bar. Elle nous sourit, tristement.

— Fallait bien que ça arrive, depuis le temps que vous l'attendiez…

— Fous-nous la paix, lui rétorqua vertement Edward.

— Eh ! Calme-toi… je ne vous le reproche pas. Je vous envie, c'est tout…

Une course se fit entendre dans l'escalier, puis la voix joyeuse de Declan :

— J'ai dormi tout seul ! Papa ! Diane ! J'ai dormi tout seul !

J'eus le temps de m'éloigner d'Edward avant que son fils lui saute dans les bras. Sa fierté était immense, un sourire extraordinaire illuminait son visage.

— Tu as vu, Diane ?

— Tu es un champion !

Son sourire se figea lorsqu'il remarqua Judith. Son visage reflétait la violence de la réalité qui venait de lui tomber dessus. Il voulut descendre des bras de son père, et fonça tête baissée dans l'entrée. Il tira sur la sangle de mon sac de voyage, et me fixa.

— C'est quoi ? cria-t-il.

— Ma valise, lui répondis-je, en m'approchant de lui.

— Pourquoi elle est là ?

— Je rentre chez moi, tu te souviens ?

— Non ! C'est ici, ta maison maintenant, avec papa et moi ! Je veux pas que tu partes !

— Je suis désolée…

Ses yeux débordèrent de larmes, il devint rouge de colère, de rage, même.

— Tu es méchante !

— Declan, ça suffit ! intervint Edward.

— Laisse-le, soufflai-je. Il a raison…

— Je te déteste ! hurla Declan.

Il gravit l'escalier en courant et claqua la porte de sa chambre. Edward vint me prendre dans ses bras.

— Comment a-t-on pu être si égoïstes ? sanglotai-je.

— Je sais…

— Fichez le camp, maintenant, nous dit Judith.

Je me détachai d'Edward et m'approchai d'elle.

— Je ne te dis plus au revoir, j'en ai marre de le faire. On se parle au téléphone…

— Tu as raison…

Edward m'attendait sur le perron, mon sac de voyage à la main. Au moment de franchir le seuil, je m'arrêtai. Ça allait trop vite…

— Je dois lui dire au revoir.

Je montai l'escalier quatre à quatre et frappai à la porte de sa chambre.

— Non !

— Declan, je vais entrer.

— Je ne veux plus jamais te voir !

Je pénétrai dans la pièce, il était assis sur son lit, raide comme un piquet. Il s'essuya rageusement les joues du plat de la main, en regardant droit devant lui. Je m'installai à côté de lui.

— Je suis désolée… Je t'ai fait espérer que j'allais rester. Tu as raison, je suis bien avec toi et ton papa, j'aime être ici. Je n'ai pas menti là-dessus… Tu comprendras quand tu seras plus grand… On ne fait pas toujours ce que l'on veut : j'ai un travail à Paris, des responsabilités de grande personne. Je sais que tu t'en moques… Je penserai très souvent à toi, je te le promets.

Il se jeta dans mes bras. Je le berçai une dernière fois en lui embrassant les cheveux et en retenant mes larmes. Il ne comprendrait pas que je parte s'il voyait mon chagrin.

— Chut… ça va aller… tu es courageux… je ne t'oublierai pas, jamais… tu vas devenir un grand garçon fort comme ton papa… D'accord ?

Je le gardai contre moi encore de longues minutes, j'aurais voulu toujours le protéger, le rassurer. Sauf que l'heure tournait…

— Papa m'attend dans la voiture…

Il serra plus fort mon ventre.

— Tu vas voir, ça va être génial d'aller à l'école avec tante Judith… et papa sera rentré pour la sortie. Hier soir, je t'ai préparé ton uniforme, tu n'as plus qu'à t'habiller…

Il se détacha de moi et me regarda de ses magnifiques yeux. Puis il se redressa, s'accrocha à mon cou et me fit un bisou, un vrai bisou d'enfant, humide et généreux. J'embrassai son front, il me lâcha. Malgré le sentiment d'abandon, je me levai et découvris Judith qui avait assisté à toute la scène.

— Au revoir, Declan.

— Au revoir, Diane.

Je traversai la pièce et marquai un temps d'arrêt près d'elle, nous nous regardâmes, nous sourîmes, et je déposai une bise sur sa joue avant de filer dans l'escalier. Je croisai Postman Pat couché au bas des marches, je lui fis une dernière caresse et sortis du cottage. Edward était appuyé contre sa voiture, une cigarette aux lèvres. Je lançai un dernier regard à la mer et grimpai dans le Range. Il me suivit de peu et mit le moteur en route.

— Tu es prête ?

— Non… mais je ne le serai jamais, donc tu peux y aller.

Je fixai le cottage à travers la vitre quelques secondes. Et puis la voiture fila, traversa le village qui se réveillait.

— Regarde qui est là, me dit Edward.

J'aperçus au loin la silhouette de Jack, près de son portail. Il leva la main dans notre direction lorsque nous passâmes près de lui. Je regardai en arrière, il resta quelques instants à fixer la voiture, puis il rentra chez lui, le dos courbé. Quand nous dépassâmes la sortie de Mulranny, j'attrapai le paquet de cigarettes d'Edward sur le tableau de bord, en pris une, l'allumai, et tirai dessus comme une malade. J'avais envie de taper, de hurler, d'évacuer ma colère. Pour la première fois, j'en voulais à Abby ; en mourant, elle m'avait mise dans cette situation intenable. J'avais parfaitement conscience du caractère puéril, égoïste de ma réaction, mais c'était mon seul moyen de défense contre le chagrin. J'étais aussi en colère contre moi-même ; j'étais une fouteuse de merde ! Je faisais souffrir Olivier, Edward, Declan et Judith. Finalement, j'étais toujours aussi capricieuse, maladroite et égoïste. À croire que la vie ne m'avait rien appris.

— Merde ! Fais chier ! jurai-je en français.

En continuant à râler dans un langage plus que fleuri, je saisis mon sac à main, le vidai sur mes genoux pour faire du tri ; il fallait que je m'occupe. La cendre de ma clope tomba sur mon jean, je braillai. Edward me laissait piquer ma crise sans broncher, il roulait pied au plancher comme d'habitude. Petit à petit, mon état de nerfs se modifia. Je me calmai, je respirai plus lentement, ma gorge et mon ventre se nouèrent, je cessai de gigoter, m'enfonçai plus profondément dans mon siège, me laissant aller contre l'appui-tête. J'avais beau fixer la route, je ne voyais pas les paysages.

Le téléphone d'Edward sonna après plus d'une heure. Il décrocha, je n'écoutai pas la conversation et restai stoïque le temps qu'elle dura.

— C'était Judith… Declan va mieux, il est parti à l'école de meilleure humeur…

Cette nouvelle m'arracha un petit sourire, qui s'estompa très rapidement. Je sentis sur ma joue le pouce d'Edward, il essuyait une larme. Je tournai le visage vers lui, il ne m'avait jamais paru si triste ni si fort. Le père de famille qu'il était encaissait les épreuves pour son fils. Même si ce n'était pas nouveau pour lui, il se reléguait au second plan : Declan avant tout. J'étais dans le même état d'esprit que lui… Il me caressa la joue. Puis il posa sa grande main sur ma cuisse, je mis la mienne dessus, et il se concentra à nouveau sur sa conduite.

Le trajet passa trop vite, beaucoup trop vite, dans un silence de plomb. Régulièrement, Edward essuyait mes larmes silencieuses. J'avais l'impression d'être une condamnée dans le couloir de la mort. La vie, la géographie allaient me soustraire un homme et un enfant que j'aimais plus que tout au monde. Ma seule consolation serait de savoir qu'ils existaient, qu'ils allaient bien ; ce n'était pas la grande faucheuse qui me les avait enlevés. C'était la faute à « pas de chance », nous n'habitions pas le même pays, nous n'avions pas la même vie. Nous nous étions enfoncés dans nos sentiments sans mesurer la réalité.

Nous arrivâmes sur le parking de l'aéroport de Dublin. Edward coupa le contact, ni l'un ni l'autre nous n'esquissâmes le moindre geste pour quitter l'habitacle. Nous restâmes une dizaine de minutes ainsi. Et puis je me tournai vers lui, enfoncé dans son siège, la tête en arrière, les yeux fermés, les traits contractés. Je caressai sa barbe ; il me regarda intensément. J'y voyais le même amour que la nuit passée, mais aussi une douleur encore plus grande. Il se redressa, s'approcha de moi et effleura mes lèvres des siennes, notre baiser s'approfondit. Lorsqu'il y mit un terme, il prit mon visage en coupe et appuya son front contre le mien. Mes larmes mouillaient ses mains. Il pressa fortement ses lèvres sur les miennes.

— Allons-y…

— Oui… il est temps…

Je chancelai en quittant la voiture. Edward chargea mon sac de voyage sur son épaule et me prit par la main. Je m'y agrippai de toutes mes forces et collai mon visage contre son bras. Nous pénétrâmes dans le hall du terminal. Évidemment, mon vol était à l'heure. Nous étions largement en avance. C'était aussi bien ; je voulais qu'Edward soit à la sortie de l'école, Declan ne devait pas rester trop longtemps loin de son père. Je préférai m'enregistrer sans attendre et me débarrasser de ma valise. Edward ne me lâcha pas ; l'hôtesse de l'air nous dévisagea.

— Vous voyagez ensemble ? lui demanda-t-elle.

— Si seulement c'était possible…, marmonna-t-il dans sa barbe, le regard dur.

— Non, soufflai-je. Je suis seule.

Les lèvres d'Edward retrouvèrent ma tempe, mes larmes coulaient sans discontinuer. Non sans un dernier coup d'œil, l'hôtesse se concentra sur son clavier. Je la remerciai intérieurement de ne pas me souhaiter bon voyage. Nous nous éloignâmes du comptoir et je regardai l'heure.

— Vas-y, dis-je à Edward. J'ai promis à Declan que tu serais là pour la sortie de l'école…

Collés l'un à l'autre, nos doigts entrelacés, nous traversâmes à nouveau tout le hall jusqu'aux contrôles de sécurité. J'avais envie de vomir, de hurler, de pleurer. J'avais peur de me retrouver sans lui. Mais nous parvînmes à la dernière limite pour Edward. Il me prit contre lui, me serra fort.

— Ne conduis pas comme un fou sur la route du retour…

Il grogna douloureusement et m'embrassa la tempe. Je savourais la sensation de ce geste si tendre, si explicite pour lui… Retrouverais-je un jour ce sentiment d'appartenance à un homme ?

— Ne dis rien de plus, me demanda-t-il, la voix plus rauque que jamais.

Je relevai le visage vers lui, nous échangeâmes un baiser profond, fait de gémissements de douleur, de plaisir. Nos lèvres se cherchaient, se goûtaient, se mémorisaient. Je me cramponnais à ses cheveux, à son cou, je caressais sa barbe, ses mains broyaient mon dos, mes côtes. Le monde n'existait plus autour de nous. Mais il fallait bien se séparer. Je me blottis une dernière fois contre son torse, le visage dans son cou, il m'embrassa les cheveux. Et puis j'eus froid ; ses bras n'étaient plus autour de moi, il recula de quelques pas. Nos regards se cherchèrent une dernière fois, se promirent tout et son contraire. Je tournai les talons, mon billet d'avion et mon passeport à la main, et pris ma place dans la file d'attente. Automatiquement, je regardai en arrière : Edward était toujours là, les mains dans les poches de son jean, le regard dur, le visage grave. Certains passagers lui jetaient un coup d'œil apeuré. J'étais la seule à savoir qu'il n'était pas dangereux ; sa carapace se reconstituait sous leurs yeux, il se blindait. L'avancée de la colonne de voyageurs me le cachait par moments, chaque fois je craignais de ne plus le revoir, une dernière fois, une dernière seconde. Mais il ne bougeait pas. Déjà plus d'une vingtaine de mètres nous séparaient. Je sentis son regard sur moi quand je dus vider mes poches, retirer ma ceinture, mes bottes. Volontairement, je laissai passer des passagers pressés. Le portique de sécurité signerait la fin. Pourtant, je dus me résoudre à avancer. Je me hissai sur la pointe des pieds, l'aperçus encore une fois ; il avait déjà sa cigarette aux lèvres, prêt à tirer dessus dès qu'il serait dehors. Il avança de quelques pas vers moi, se passant une main sur le visage. Je craquai et m'effondrai en larmes. Il le remarqua, marcha dans ma direction en secouant la tête pour me demander d'arrêter, de tenir le coup.

— Madame, c'est à votre tour.

Edward se figea. Malgré la distance, nos regards plongèrent l'un dans l'autre.

— Je sais, répondis-je à l'agent de sécurité.

Je passai sous le portique, en pleurant, en regardant en arrière. Et puis Edward disparut. Je restai de longues minutes en chaussettes au bout du tapis roulant, mes affaires écrabouillées par les autres valises qui s'amoncelaient, avant de me décider à me diriger en titubant vers la porte d'embarquement. Les voyageurs me regardaient comme si j'étais une Martienne. À croire que voir quelqu'un pleurer à l'aéroport était une nouveauté.

Deux heures plus tard, ma ceinture était bouclée. J'attrapai mon téléphone et envoyai un SMS à Olivier : « Suis dans l'avion, retrouve-moi aux *Gens* ce soir. » Rien de plus à lui dire, et j'en étais triste. J'éteignis mon portable. Encore quelques minutes, et l'avion s'élança sur le tarmac.

– 11 –

À Roissy, je décidai de m'offrir un taxi, je n'avais aucune envie de me retrouver ballottée dans les transports en commun. Dans la voiture, je reçus un SMS de Judith : « Le père et le fils se sont retrouvés. » L'espace d'un instant, cela me soulagea.

Je payai ma course et montai chez moi sans jeter un regard aux *Gens* ni à Félix. En découvrant les cartons à moitié commencés dans mon studio, j'eus honte de mon hypocrisie vis-à-vis d'Olivier. Je lui avais fait espérer une histoire et une vie auxquelles je ne croyais pas. Je balançai mon sac de voyage et claquai la porte.

J'entrai dans mon café par la porte de derrière, remarquai quelques clients – que je ne saluai pas – et passai derrière le comptoir.

— Salut, Félix, me contentai-je de dire.

J'attrapai le cahier de comptes et vérifiai les chiffres des précédentes journées. Plus pour m'occuper les mains que par véritable intérêt…

— Bonjour, Félix, comment vas-tu ? Ça n'a pas été

trop chiant d'être tout seul ? Ça t'arracherait la gueule d'être sympa avec moi ! râla ce dernier.

Je lui lançai mon regard le plus noir. Il ouvrit les yeux en grand.

— Qu'est-ce que tu as fait comme connerie ?

— Aucune ! Fous-moi la paix !

— Tu ne vas pas t'en sortir comme ça !

— Prends donc ta fin d'après-midi, tu dois être fatigué ! lui balançai-je.

— Non, mais tu es malade !

— S'il te plaît, Félix, sifflai-je. Je ne peux pas me permettre de craquer maintenant.

Je me cramponnai au bar, serrai les dents en tentant de maîtriser ma respiration.

— OK, je te laisse… bon courage…

— Demain, Félix… demain, je te parlerai… C'est promis.

— T'inquiète ! Je te connais ! Ça redescend aussi vite que c'est monté.

Je dus attendre la fermeture pour voir Olivier arriver, les épaules basses. Il poussa la porte, je restai derrière mon comptoir, comme une barrière de protection. Il s'assit sur un tabouret et s'accouda au bar en me fixant. Je n'arrivais pas à ouvrir la bouche. Il regarda partout autour de lui, à gauche, à droite, en haut, en bas, comme s'il cherchait à mémoriser les lieux. J'aurais dû me souvenir de sa perspicacité, il avait tout compris.

— Olivier… je ne peux plus faire semblant…

— Je ne peux m'en prendre qu'à moi-même… Je voulais y croire, j'ai espéré être plus fort… Depuis l'exposition, dès le premier instant où je t'ai vue avec lui… j'ai refusé de regarder la réalité en face. Pourtant, j'ai toujours senti que c'était lui que tu aimais…

— Pardonne-moi…

— Je ne veux pas savoir ce qui s'est passé entre vous ni depuis quand. Ce qui me désole, c'est qu'il ne te rende pas heureuse…

— C'est notre situation qui me rend malheureuse, il n'y est pour rien.

— Son fils ?

— La distance.

Il baissa la tête.

— Si, moi, j'avais eu un enfant, tu ne m'aurais pas regardé…

Il avait raison.

— Je ne vais pas m'attarder… ça ne sert à rien. J'appellerai l'agence immobilière demain pour rompre le bail…

— Je vais le faire…

— Non.

Il se leva, alla jusqu'à la porte d'entrée qu'il ouvrit avant de se retourner vers moi. Olivier m'avait fait tellement de bien, il avait pris soin de moi, fait preuve de patience, et je le repoussais.

— Fais attention à toi, me dit-il.

— Toi aussi, murmurai-je.

Il referma la porte derrière lui, et je m'avachis sur mon comptoir. J'étais à nouveau seule, mais j'avais été honnête avec moi-même et surtout avec Olivier. Il était temps. Je fis le tour des *Gens* pour tout éteindre et montai chez moi en traînant les pieds. Je ne jetai pas un regard à ma valise ni aux cartons, je m'allongeai sur mon lit dans le noir et fixai le plafond. Je revécus en pensée ces trois derniers jours, la nuit passée avec Edward, la séparation avec Declan… J'avais tellement mal. Ils me manquaient au-delà du possible, j'étais comme vide. Mon studio, qui jusque-là représentait ma bulle de protection, le lieu où me réfugier depuis mon premier retour d'Irlande, ne me procurait aucun apaisement. Un peu comme si j'étais en transit dans un hôtel d'étape, avant un saut vers l'inconnu. J'eus peur ; je n'étais plus chez moi. Mes repères volaient en éclats.

Le lendemain, je me réveillai de moi-même à l'aube. J'ouvris *Les Gens* avec plus d'une heure d'avance. En buvant mon troisième café, je pensai à Declan qui devait être arrivé à l'école, à Edward qui devait être sur la plage avec son appareil photo en main, ou bien dans son bureau. Comment allaient-ils ? Avaient-ils dormi ? Edward parvenait-il à faire face ? Souffrait-il autant que moi du manque ? Et Jack ? Judith était-elle rentrée à Dublin ? Accueillir les clients, les servir, leur sourire malgré tout ne changeaient rien, ne parvenaient pas à écarter ces pensées, ces préoccupations de mon esprit.

Félix étant aux abonnés absents, je passai une grande partie de la journée seule à observer, à sentir *Les Gens*, à me souvenir d'eux. Je faisais mon travail, comme un automate. En parlant aux clients, je n'avais pas le sentiment que c'était ma voix, c'était une autre qui répondait à leurs demandes. J'étais détachée de chacun de mes gestes, de chacune de mes habitudes de travail. Une distance – un fossé, même –, s'était créée tranquillement, insidieusement. À certains moments, je m'accrochais au comptoir, comme si je cherchais à garder les pieds sur terre. J'aurais voulu être douée de mysticisme pour leur parler à mes *Gens heureux*, leur demander de me rappeler à l'ordre, pour qu'ils me fassent revenir à eux, pour qu'ils me séduisent à nouveau, qu'ils me comblent, qu'ils remplissent le gouffre que l'absence d'Edward et de Declan laissait en moi. Je regardais souvent le panneau photos – les visages de Colin et Clara – à eux aussi, je lançai un appel au secours, j'avais besoin de réponses. Et puis je pensais à Abby, je savais ce qu'elle me dirait. Je m'interdisais de penser à l'avenir, à cet avenir… impossible. Pourtant, il m'obsédait, et il était entre mes mains.

Félix pointa le bout de son nez en fin de journée. En réalité, il arriva pour la fermeture, et donc se faire payer l'apéro. Les clients avaient déserté les lieux. Ce n'était pas plus mal, un tête-à-tête était nécessaire. Il passa derrière le comptoir, se versa un verre, et me jeta un coup d'œil. Il dut juger que j'avais bien besoin d'un remontant, moi aussi, et m'en servit un. Puis il s'adossa au mur, porta un toast imaginaire, et m'observa tout en sirotant.

— Où as-tu dormi la nuit dernière ?

— Chez moi.

Il pencha la tête sur le côté.

— Ah… Et ce soir ?

— Chez moi, encore.

— Le déménagement ?

— Il n'y a plus de déménagement.

J'avalai une grande rasade de vin pour me donner une contenance. Puis je saisis mon meilleur moyen de fuite – mes cigarettes – et sortis fumer. Félix, aussi drogué que moi, ne tarda pas à me suivre. Il s'appuya à la devanture et ricana.

— Putain ! Je n'aurais jamais cru que tu le ferais…

Je posai la tête sur son épaule, lasse tout à coup. Épuisée par mes interrogations incessantes, cette décision qui me demandait un courage monstrueux, qui remettait ma vie en question, épuisée aussi et surtout par le manque d'Edward et de Declan, après seulement vingt-quatre heures de séparation.

— Nous revoilà en tête à tête, ajouta-t-il. C'est un mec bien, tu aurais pu être heureuse avec lui…

— Je sais…

— Enfin, je ne veux pas dire mais… t'as quand même l'air con, maintenant !

Je me redressai et me campai sur mes pieds en face de lui. Il trouvait le moyen de rire ! Il fallait qu'il se méfie, mon humeur n'avait rien de stable.

— Je peux savoir en quoi j'ai l'air con ?

— Tu as deux types qui t'aiment, dont un que tu as dans la peau, et tu es toute seule. Tu as tout perdu dans l'affaire, ça ne rime à rien. Tu vas faire quoi maintenant ? Te morfondre dans ton café ? Attendre un troisième gus pour te sauver des autres ?

Félix n'avait pas idée de ce qu'il venait de provoquer. Pour commencer, je lui devais la paix, j'étais calme tout à coup, en accord avec moi-même. Ensuite, en disant tout haut ce que je pensais tout bas, il m'avait donné ma réponse. Je ne perdrais pas une seconde fois ma famille.

— Merci, Félix, pour tes conseils…

— Je ne t'ai rien dit !

— Si, je te promets… j'ai un service à te demander…

— Je t'écoute.

— Peux-tu me remplacer demain matin ?

Il souffla.
— Bon… d'accord…
— Merci !

Le lendemain midi, quand je sortis de l'agence, j'avais un peu le vertige ; la première étape était bouclée, la suivante serait pour l'après-midi. Et s'il n'y avait pas de mauvaise surprise, tout serait lancé le jour suivant. Je n'aurais plus qu'à attendre. Je trouvai un banc où je me laissai tomber. J'irais au bout, aussi sûrement que lorsque j'étais partie en Irlande la première fois. Je pris mon téléphone et composai son numéro. Évidemment, il ne décrocha pas ; je l'imaginais, fixant mon prénom sur son écran. Je ne baissai pas les bras, et rappelai, encore et encore. Il décrocha à ma cinquième tentative.
— Diane…
Sa voix rauque me fit trembler des pieds à la tête.
— Tu ne dois pas m'appeler…
— Edward… je ne vais pas être longue, j'ai simplement quelque chose à t'annoncer.
Il soupira, et j'entendis le bruit de son briquet.
— Je sors d'une agence immobilière… J'ai mis *Les Gens* en vente. Si toi et Declan voulez toujours de moi…
L'émotion me submergea. Edward ne disait rien au bout du fil. Je finis par m'inquiéter.
— Tu es là ?
— Oui… mais… cet endroit… c'est ton mari et ta fille… tu…
— Non… ce n'est pas eux. Je les porte en moi. Et maintenant, il y a toi et Declan. C'est rare ce qui nous arrive… Je refuse de passer ma vie sans vous,

tu ne déracineras pas Declan… Vous n'êtes pas faits pour vivre à Paris, mais moi, je suis faite pour vivre à Mulranny…

— Diane… je ne peux pas me permettre d'y croire…

— Tu peux, pourtant. Nous, toi et moi, Declan avec nous, ce n'est plus une illusion. Je ne serai jamais la mère de ton fils, je serai celle qui soutient son père pour l'élever et qui lui donnera tout l'amour qu'elle peut… Et je serai ta femme… Ça peut être notre vie, si tu le veux toujours…

De longues secondes s'écoulèrent. Puis j'entendis son souffle.

— Comment peux-tu en douter ?

Une demi-heure plus tard, je faisais sonner la clochette de la porte des *Gens*. Félix tchatchait au comptoir avec des clients. Son monde allait s'effondrer. Je le rejoignis, lui fis une bise et me servis un café.

— Il faut qu'on parle, lui annonçai-je sans préambule.

— Si je n'étais pas gay, je pourrais imaginer qu'elle veut rompre…

Tout le monde éclata de rire, sauf moi. Il n'était pas tombé loin de la vérité.

— On va vous laisser ! s'esclaffèrent les clients.

— Bon, alors, qu'est-ce qui t'arrive ? me demanda-t-il lorsque nous fûmes seuls.

Je plantai mes yeux dans les siens.

— Cet après-midi, deux agents immobiliers vont venir ici…

— Ouais, et alors ?

— Ils viennent estimer *Les Gens*.

Il secoua la tête, écarquilla les yeux, et donna un coup de poing sur le bar.

— Tu vends ?

— Oui.

— Je t'en empêcherai ! gueula-t-il.

— Comment ?

— Pourquoi tu fais ça ?

— J'ai perdu ma famille, je n'y pouvais rien, j'ai mis du temps à accepter que Colin et Clara ne ressusciteraient pas. Je ne vais pas perdre une nouvelle fois ma famille. Edward et Declan sont vivants, ils sont ma famille, je me sens chez moi là-bas à Mulranny, avec Jack et Judith aussi…

— Et moi ?

Sa voix dérailla.

— Et moi ? reprit-il. Je croyais que c'était moi, ta famille !

Je vis quelques larmes rouler sur ses joues, les miennes ruisselaient sur mon visage.

— Tu es et tu resteras ma famille, Félix… Mais j'aime Edward et je ne peux pas vivre sans lui… Viens vivre en Irlande avec moi !

— Tu es conne, ou quoi ? Tu crois que j'ai envie de tenir la chandelle et de jouer les baby-sitters !

— Non, bien sûr que non, lui répondis-je en piquant du nez.

Il s'éloigna, attrapa son manteau, alluma une cigarette à l'intérieur. Je marchai derrière lui, en panique.

— Que fais-tu Félix ?

— Je me casse ! Je ne veux pas assister à ça… Et puis il faut que je trouve du boulot, je vais pointer au chômage par ta faute.

Il avait déjà ouvert la porte.

— Non, Félix, tu ne perdras pas ton travail. J'ai demandé à ce que l'acheteur te garde.

— Ouais, comme les meubles !

Il claqua la porte, qui trembla au point que je crus que la vitre allait exploser, et partit en courant dans la rue. Le son de la clochette résonna longtemps. Pour la première fois, ce fut morbide… La violence de sa réaction me paralysa.

Pourtant, je n'eus pas le temps de m'appesantir davantage sur Félix, son chagrin et encore moins le mien. Les rapaces de l'immobilier débarquèrent les uns après les autres. Je les observai froidement décortiquer mon café, répondant à leurs questions avec distance et détachement. Il m'était désormais impossible de lier mes émotions aux *Gens*, qui n'allaient bientôt plus être MES *Gens*. Je devais m'y faire, car le lendemain j'irais signer le mandat de vente. Félix resta invisible toute la journée. J'inondai son téléphone de messages et de SMS, rien n'y fit : ni les excuses, ni les déclarations, ni la menace de couper les ponts, ni les sanglots. J'avais une fois de plus l'impression de devenir adulte, de grandir. Chaque décision imposait des pertes, d'abandonner des morceaux de sa vie derrière soi. Pour rien au monde je n'aurais voulu être privée de l'amitié de Félix ; il était le frère que je n'avais pas eu, il était mon complice, mon confident et mon double, il était mon sauveur des heures sombres… mais j'aimais Edward au-delà de ce lien. De la même façon, j'aurais laissé Félix pour Colin, il le savait au fond de lui-même. J'espérais qu'il finirait par me comprendre. L'appel d'Edward à 22 heures me sauva d'un gros coup de déprime. En parlant avec lui, je me glissai sous la couette, m'enroulai dedans, et évoquai notre future vie ensemble. De son côté, il était moins expansif que moi

– je le connaissais –, je le sentais encore sur la réserve, éprouvant des difficultés à se laisser aller. Ma décision restait abstraite pour lui, à des milliers de kilomètres de Paris. Il m'expliqua qu'il préférait attendre avant d'en parler à Declan – je le comprenais. Et puis, nous avions conscience que cela pouvait prendre du temps avant que je prenne un vol aller sans retour prévu.

Lorsqu'en fin de journée, le lendemain, la vitrine fut affublée du panneau « à vendre », je décidai de lui envoyer un élément concret. Je sortis dans la rue, me postai sur le trottoir d'en face, repérai l'emplacement d'où il avait dû prendre celle qui ornait son mur. J'eus besoin de quelques secondes pour que mes mains arrêtent de trembler et que ma respiration revienne à la normale. Comment effacer de ma mémoire : *Les Gens heureux lisent et boivent du café, à vendre*. Eux aussi faisaient partie de ma famille, et je les laissais derrière moi. Je pris la photo avec mon smartphone, et l'envoyai à Edward, accompagnée de quelques mots : « Ce n'est plus une illusion, je ne suis plus à l'intérieur. » Il me répondit dans la foulée : « Comment vas-tu ? » Que répondre à ça sans l'inquiéter ? « Ça va, mais vous me manquez. » Je reçus une photo qui me donna le sourire ; Edward se déridait, il m'envoyait un selfie de Declan et lui sur la plage, souriants. Je m'apprêtais à traverser la rue lorsque je remarquai Félix, tétanisé devant la vitrine et le panneau. Je le rejoignis et mis une main sur son bras. Il tremblait.

— Je suis désolée, lui dis-je.

— Es-tu certaine que cela en vaut la peine ?

— Oui.

— Qu'est-ce qui te le prouve ?

— Ça.

Je lui tendis mon téléphone avec la photo de Declan et Edward qui remplissait tout l'écran. Il les fixa de longues secondes, toujours en tremblant. Puis il souffla, me regarda avant de diriger ses yeux au loin.

— J'aurais vraiment dû lui péter la gueule, quitte à finir en taule…

Je souris légèrement, il n'avait pas complètement perdu son humour.

— On rentre ?

Je n'attendis pas sa réponse, le tirai par le bras à l'intérieur des *Gens*. Je nous servis un verre. Il s'installa du côté des clients.

— Tu viendras nous voir ?

— Je ne sais pas… laisse-moi le temps de m'y faire…

À l'ouverture, quelques jours plus tard, l'émotion m'étreignit en voyant Olivier s'arrêter devant *Les Gens*. Je ne l'avais pas revu depuis notre rupture, qui me semblait déjà vieille de plusieurs lustres. Difficile d'imaginer qu'à cette heure il était prévu que nous vivions ensemble. Il poussa la porte, et je remarquai le sac qu'il tenait à la main. Il alla le ranger près de la réserve, et revint s'installer au comptoir.

— Tu veux bien me servir ta recette du bonheur ? J'en ai besoin.

Deux minutes plus tard, son café était servi, et il rompit le silence.

— Tu n'as pas mis longtemps à te décider, soupira-t-il.

— C'est vrai… Olivier, excuse-moi pour tout le mal que je t'ai fait…

Il leva la main, je me tus.

— On allait droit dans le mur, enfin… surtout moi.

Il vida sa tasse d'une seule gorgée, et se leva en me désignant le sac de la main.

— Je crois que j'ai retrouvé toutes tes affaires…

— Merci, murmurai-je.

Il fit les quelques pas qui le séparaient de la porte, et se tourna à nouveau vers moi. Je restai stoïque derrière le comptoir. Il esquissa un léger sourire.

— Je te dis au revoir, je ne reviendrai pas, j'ai trouvé un autre chemin pour éviter de passer devant chez toi.

— Je suis vraiment désolée.

— Arrête de t'excuser. Je ne regrette pas de t'avoir rencontrée, ni ce qu'on a vécu ensemble. J'aurais préféré une autre fin… c'est la vie…

Un dernier regard, et il disparut. Olivier était sorti de mon existence. L'avais-je vraiment aimé ? J'avais de l'affection, de la tendresse pour lui, mais de l'amour… Si je n'avais pas revu Edward, peut-être que mes sentiments pour lui auraient évolué. Ou, plus simplement, je n'aurais pas cherché à démêler la réalité de ce que je ressentais. Je ne le saurais jamais, mais ce qui était certain, c'est que mes souvenirs liés à lui étaient flous désormais : je ne voyais que les apparitions d'Edward dans ma vie, les moments passés avec lui et ma famille irlandaise. Quand j'y pensais, mon cœur battait plus vite, j'étais enfin en paix, et traversée d'un sentiment de plénitude.

Cependant, le mois qui suivit fut épuisant nerveusement. Les visites se multipliaient… et se soldaient toutes par des échecs. Aucune proposition. Je désespérais et m'impatientais, alors que les agents immobiliers, eux, piquaient des rognes à cause de Félix ; ils le tenaient pour responsable de la situation. Effectivement, il n'y mettait pas du sien. Il m'avait pourtant assuré qu'il souhaitait continuer à travailler aux *Gens* après mon départ. Chaque fois qu'un acheteur potentiel s'encadrait dans la porte, il devenait imbuvable, répondant à peine aux questions ou l'envoyant balader, servant n'importe comment les clients. La seule fois où il parla de bon cœur, ce fut pour évoquer son addiction à la fête et aux grasses matinées. J'étais incapable de le remettre à sa place, je n'avais jamais joué à la patronne avec lui, et l'avais toujours considéré comme mon associé. Hors de question de commencer au moment où je l'abandonnais ; je lui faisais assez de mal. En revanche, les agents immobiliers goûtèrent à mon sale caractère quand ils me demandèrent de virer Félix des clauses du contrat de vente. J'étais encore chez moi, et je comptais y rester maîtresse jusqu'au bout. Il n'y aurait pas de *Gens* sans Félix ; c'était un moyen d'y garder un pied, de ne pas leur tourner le dos complètement et, par-dessus tout, je voulais sauver Félix.

Ce jour-là, on m'indiqua que c'était la visite de la dernière chance. Quelques minutes avant, je pris Félix à part.

— S'il te plaît, fais-toi discret… arrête de retarder l'inévitable…

— Je ne suis qu'un sale gosse, je sais…

Je me blottis dans ses bras, il m'écrasa contre lui. Je le retrouvais enfin. Un petit peu, tout au moins. La clochette sonna, Félix lança un regard noir, et me lâcha.

— Je vais cloper.

Il passa devant l'agent immobilier et son client en marmonnant un vague bonjour. Ce n'était pas gagné ! Je plaquai sur mon visage mon plus beau sourire de commerçante et m'avançai vers mes visiteurs. L'agent immobilier me fit les gros yeux à cause de Félix, je l'ignorai et tendis la main à l'homme qui attendait à ses côtés en observant autour de lui.

— Bonjour, monsieur, ravie de vous accueillir aux *Gens*.

Il avait une poigne de fer, et me regarda droit dans les yeux derrière ses lunettes Clubmaster. Il était trop sérieux, trop impeccable pour *Les Gens*, avec son costard sur mesure et son air convenable et bien élevé.

— Frédéric, enchanté. Diane ? C'est bien ça ?

— Oui…

— Vous permettez que je visite tranquillement, nous parlerons ensuite ?

— Faites comme chez vous.

— Je ne suis encore qu'un invité, il me faut votre autorisation.

Il déambula chez *Les Gens* pas loin d'une demi-heure, en ignorant l'agent immobilier qui s'agitait autour de lui. Il examina soigneusement chaque recoin, feuilleta quelques livres, caressa le bois du bar, observa la rue derrière la vitrine. Il était toujours à cet endroit quand Félix se décida à rentrer. Ils échangèrent un regard, et mon meilleur ami reprit son poste au bar. Frédéric le rejoignit et s'assit au comptoir.

— C'est avec vous que je vais travailler ?

— Il paraît, lui répondit mon meilleur ami. Je ne suis pas d'humeur à répondre à un interrogatoire.

Et voilà, ça recommençait !

— J'ai tout ce qu'il me faut, lui annonça Frédéric, sans se départir de son sourire.

Il ne sembla pas choqué par l'attitude de Félix, il se leva, et fit signe à l'agent immobilier de le suivre à l'extérieur. Ils échangèrent durant de longues minutes sur le trottoir.

— Je n'ai pas pu m'en empêcher, Diane…

— Ç'aurait pu être pire, tu as fait un petit effort. Tu as évité de lui dire que tu sniffais de la coke sur le comptoir, comme tu as fait avec le dernier.

— J'ai fait ça ?

Frédéric ouvrit la porte et s'adressa à moi.

— Ce n'est pas très conventionnel comme façon de faire, mais je souhaiterais dîner avec vous pour parler des *Gens heureux* et obtenir les informations dont j'ai besoin. On dit ce soir ? Je passe vous prendre ?

— Euh…

— 20 heures.

Il jeta un regard à Félix et s'en alla.

— C'est qui, ce mec ? râla Félix. Ton Irlandais ne va pas apprécier, mais pas du tout.

Il éclata de rire.

— Pas faux. Mais ça a le mérite de te faire marrer.

J'esquivai la conversation houleuse avec Edward en lui envoyant un simple SMS : « Je dîne avec un acheteur, je t'appelle après. » J'éteignis mon téléphone. À 20 h 01, le mystérieux Frédéric arriva, ignora superbement Félix, et m'entraîna à sa suite. Nous marchâmes en silence et à distance jusqu'à un restaurant, place du Marché-Sainte-Catherine, où il avait réservé une table. Malgré son attitude pour le moins étrange, je me sentis rapidement très à l'aise avec lui. Il se présenta brièvement ; c'était un ancien cadre dirigeant de la Défense qui avait de belles économies à la banque, n'ayant pas de famille à charge. Il voulait changer de vie, sans quitter Paris, qui était son troisième poumon. Puis il voulut savoir comment *Les Gens* étaient nés. Les vannes s'ouvrirent, je lui racontai ma vie : Colin et Clara, mon deuil impossible, l'exil en Irlande, Edward, son caractère, son amour, mon amour pour lui, et son fils depuis peu, ma décision de tout plaquer pour recommencer de zéro avec eux.

— Et Félix ? m'interrompit-il d'un coup.

Je me lançai dans un nouveau chapitre de ma vie, et son attention redoubla. Je conclus en lui expliquant à quel point la vente des *Gens* et mon départ le blessaient, sans lui cacher la vérité.

— Si vous achetez, les débuts risquent d'être difficiles avec lui, mais s'il vous plaît, soyez patient, il est merveilleux, il fait partie des *Gens*, il en est plus l'âme que moi.

— Diane, vous êtes la femme de sa vie, me dit-il en me regardant droit dans les yeux.

— Oh, je vous arrête tout de suite, vous vous trompez, Félix est gay.

— Je le sais… mais justement, je maintiens, vous êtes la femme de sa vie, et il la perd. Il aura eu vous et sa mère. J'ai connu ça.

Il me lança un sourire en coin pour bien confirmer ce que j'avais compris.

— Vous finissez toujours par lâcher l'homo de votre vie pour l'homme de votre vie. Et on n'y est pas préparé.

Il leva la main pour demander l'addition, la paya sans que je réussisse à aligner deux mots.

— Je vous raccompagne, me proposa-t-il.

Je hochai la tête, et nous prîmes le chemin des *Gens*.

— Je vous promets de m'occuper de lui, me dit-il, brisant le silence. Il s'en remettra, et reviendra vers vous, un jour…

— Attendez, Frédéric ! Vous êtes en train de me dire quoi exactement ?

— J'achète vos *Gens heureux*, et je compte bien y être aussi heureux… avec Félix.

— Minute ! Vous achetez *Les Gens* ?

— Puisque je vous le dis ! Dans peu de temps, vous allez retrouver votre Edward et son fils.

— Mais, Félix ! Vous comptez lui faire quoi ?

— La cour…

J'écarquillai des yeux comme des billes.

— Je ne doute pas de vos capacités de séduction. Mais Félix ne conçoit même pas l'existence de la monogamie.

— C'est ce qu'on verra…

À son regard, je compris qu'il réussirait.

— Je règle tout avec l'agence, je passerai vous voir demain. Bonne nuit, Diane. Mes amitiés à Edward.

Je commençai à monter l'escalier de mon immeuble, mais je m'arrêtai et me pinçai le bras. La douleur m'assura de la réalité de cette soirée. En arrivant chez moi, je m'allongeai directement sur mon lit, mon téléphone en main. Edward aboya dès qu'il décrocha :

— Je t'interdis de me refaire un coup pareil ! C'est qui ce type avec qui tu as passé la soirée ?

— L'amoureux de Félix et le nouveau propriétaire des *Gens*.

— Quoi ?

— Tu as bien entendu… j'arrive bientôt, très bientôt… et je n'ai plus à m'inquiéter pour Félix…

À partir de là, tout s'enchaîna très vite. Félix ayant procuration pour *Les Gens*, je n'avais pas besoin de rester jusqu'à la vente définitive, et je ne tenais plus en place. Frédéric proposa de me remplacer aux *Gens* pour s'y habituer, espérant aussi apprivoiser Félix. Celui-ci râla, dans un premier temps, puis finit par accepter, blasé. Pour le moment, il ne voyait rien du petit manège de son futur patron. Le jour où ça lui exploserait à la figure, ça lui ferait tout bizarre ! Frédéric était en train de se rendre indispensable. De mon côté, je les laissais se jauger et prendre leurs marques ensemble pour préparer mon grand départ, le vrai, le dernier. J'empaquetai toutes mes affaires, qu'un transporteur livrerait à Mulranny dans plusieurs semaines, je clôturai mes comptes bancaires, et remplis des tonnes et des tonnes de papiers administratifs. Chaque jour, j'avais Edward et Declan au téléphone. Ou plutôt devrais-je dire Declan ! Pour Edward, déjà pas très causant en vrai, le téléphone était un supplice…

Dernière journée à Paris. Mon vol était le lendemain. Je passerais mon ultime après-midi aux *Gens*. En attendant, je refis ce chemin que je prenais chaque lundi depuis plus de un an. Je sortis du métro, les jambes tremblantes. J'entrai chez la fleuriste la plus proche, qui me connaissait depuis le jour où je m'étais enfuie de chez elle. Je lui achetai pour la dernière fois en mains propres une brassée de roses blanches, et ouvris un compte : chaque semaine, elle devrait leur déposer le même bouquet. Je l'embrassai amicalement et me dirigeai vers le cimetière. Je pris tout mon temps pour traverser l'allée centrale. Arrivée devant eux, je me mis à genoux, changeai les fleurs, et déposai les roses fanées derrière moi. Puis je caressai le marbre.

— Eh… mes amours… vous resterez toujours mes amours. Je pars demain, ça y est… Colin, on en a déjà parlé… Tu sais que je ne t'oublierai jamais. Je ne t'ai pas remplacé par Edward… Je l'aime, c'est tout… Et toi, ma Clara… tu aurais pu avoir un frère comme Declan… Je ne suis pas sa maman, je reste la tienne. Ma nouvelle vie commence demain dans un endroit que vous ne connaissez pas, mais qui est aujourd'hui chez moi. Je ne sais pas quand je reviendrai vous voir… mais vous serez toujours avec moi… Si vous ne trouvez pas le chemin, demandez à Abby, elle vous guidera vers la plage… Je vous aime… Je vous aimerai toujours…

Je posai une dernière fois les lèvres sur leur tombe en les pressant fortement, puis je partis sans me retourner.

L'après-midi passa à toute vitesse – un client entrait quand un autre sortait. J'eus à peine le temps de me retourner qu'il n'était pas loin de 19 heures ; ma dernière journée en tant que patronne des *Gens* touchait à son terme. Cela m'avait évité de réfléchir.

— Putain ! Le prochain qui entre, je lui claque la porte à la gueule ! brailla Félix.

Frédéric entra à cet instant.

— Peut-être pas, en fait, railla-t-il.

Frédéric avança jusqu'à moi et me fit une bise. Il serra la main de Félix par-dessus le comptoir.

— Je passais te souhaiter bon voyage.

— Merci, c'est gentil.

Nous avions très rapidement dépassé le vouvoiement. Heureusement, puisque je suspectais que, très prochainement, il rejoindrait les rangs de ma drôle de famille… En tout cas, je l'espérais.

— Allez, on boit un coup ! proposa Félix.

Il sortit du champagne d'un frigo, fit sauter le bouchon et me tendit la bouteille en me regardant droit dans les yeux.

— Ça te rappelle quelque chose ?

— Jamais je n'oublierai cette soirée ! lui répondis-je, des larmes plein les yeux.

— Ne t'inquiète pas, ce soir, c'est soft… J'ai pensé qu'Edward n'apprécierait pas de te voir débarquer avec trois grammes dans le sang.

Je bus une grande rasade au goulot, et lui tendis la bouteille. D'un signe de tête, Félix me désigna Frédéric, qui refusa. Félix s'approcha de lui.

— Tu veux faire partie de la famille ? Tu acceptes et tu la boucles !

Ils se défièrent du regard ; l'espace de quelques secondes, j'eus le sentiment d'être de trop. Ç'allait être explosif entre eux… Frédéric but à son tour et tendit la bouteille à Félix qui retourna derrière son bar. Elle fut sifflée en deux temps, trois mouvements.

— Je vais vous laisser en tête à tête. À demain, dit-il à Félix.

Je l'accompagnai à l'extérieur.

— Je te les confie, me contentai-je de lui dire.

— Ils seront tous entre de bonnes mains.

— Je te fais confiance.

— À bientôt, Diane…

Félix m'attendait, assis sur le bar, une nouvelle bouteille à la main. Je grimpai à côté de lui, et posai la tête sur son épaule.

— Je ne peux pas te parler, Diane. C'est trop dur…

— Ce n'est pas grave.

— Par contre, je vais te payer des coups sur le compte de mon nouveau patron.

Nous passâmes la soirée assis l'un à côté de l'autre, à vider les bouteilles, nous tenant la main parfois, transformant *Les Gens* en aquarium géant avec les cigarettes que nous enchaînions les unes après les autres. Félix m'écrasait régulièrement contre lui. Et puis il finit par ouvrir la bouche pour une demande qui me bouleversa :

— Ne prends pas le panneau photos, laisse-le-moi.

— Il a toujours été à toi. Tu vas le mettre dans ton appart ?

— Non, il reste ici. J'ai négocié avec le patron : je lui ai expliqué que sans Colin, Clara et toi, il n'y aurait pas de *Gens heureux*…

Une heure et une bouteille plus tard, je montrai les premiers signes de fatigue.

— Va te coucher, me dit-il. Une grande journée t'attend demain, tu retrouves tes hommes. Avant, j'ai une dernière chose à faire.

Il prit un tabouret, et l'emporta près de la porte. Il grimpa dessus pour décrocher la clochette.

— Tu ne peux pas partir sans un souvenir…

Je craquai et me jetai dans ses bras en laissant couler

toutes les larmes retenues ces derniers jours. Félix me broya entre ses bras.

— Je n'ai pas le courage de t'accompagner à l'aéroport, demain.

— De toute façon, je ne veux pas que tu viennes.

Nous murmurions.

— À quelle heure est ton taxi ?

— 7 heures.

— Laisse les clés dans le studio. Ferme une dernière fois.

Il se redressa, m'attrapa par les épaules, planta ses yeux dans les miens.

— Salut, Diane !

— Félix…

Il me lâcha et sortit dans la nuit. Un dernier regard à travers la vitrine, il disparut… Du plat de la main, je m'essuyai les joues avant d'attraper mon trousseau dans ma poche. Première étape : donner un tour de clé. Deuxième : retourner l'ardoise. Troisième : glisser dans la vitrine l'annonce « changement de propriétaire ». Quatrième et dernière : éteindre les lumières. L'éclairage des lampadaires me permettait de voir comme en plein jour dans mon café. Ici, j'avais tout choisi avec Colin, c'était une part de moi, même si je l'avais dénigrée un temps – trop long –, j'avais grandi dans cet endroit. Lorsque je reviendrais – si je revenais un jour –, je ne reconnaîtrais plus les lieux ; il y aurait nécessairement du changement, le nouveau patron avait un caractère bien trempé, il voudrait mettre sa patte… Normal, je n'avais pas mon mot à dire. Je longeai les étagères, débordant de livres : bien rangés, prêts à être dévorés. Puis j'allai derrière mon comptoir, je caressai le bois : propre, brillant. J'alignai quelques verres sortis du rang.

Je refis la pile de cahiers de comptes et de commandes, et repositionnai le panneau photos. Enfin, je m'arrêtai devant le percolateur, je souris en me remémorant le jour où j'avais fait un scandale à Félix, incapable de le nettoyer correctement. J'eus envie de me faire couler un café, je renonçai ; je savais que je ne l'apprécierais pas, ça sentirait le réchauffé. Je préférais ne pas me souvenir de mon dernier, cela resterait un moment flou, suspendu dans le temps, avec en bruit de fond les clients, le rire de Félix, la rue. Il était temps ; je passai par l'arrière pour rejoindre l'escalier de l'immeuble. Sur le seuil de la pièce, je fermai les yeux en respirant profondément l'odeur de livres, de café et de bois. Des flashes, des bribes de souvenirs traversèrent mon esprit, je fermai la porte sans rouvrir les yeux, en me concentrant sur le grincement des gonds. Malgré tous mes efforts, ils n'avaient jamais cessé de grincer. Le clac de la serrure me fit hoqueter : c'était fini. *Les Gens heureux lisent et boivent du café* allaient vivre sans moi…

Épilogue

Plus de trois mois que je vivais à Mulranny. Chaque jour, j'y étais davantage chez moi. Ma vie me semblait désormais simple, naturelle, je ne me posais plus de questions, je prenais le temps de vivre, sans regret. Je pensais régulièrement aux *Gens*, ce serait mentir de dire que je n'avais jamais de pincements au cœur, mais cela passait très vite ; l'idée d'ouvrir une petite librairie faisait son bonhomme de chemin dans ma tête… Mais rien ne pressait.

J'étais au téléphone avec Félix. Impossible d'en placer une ! Il ressassait, ruminait les réactions, les faits et gestes de Frédéric qui le faisait mariner depuis des jours et des jours. Mon meilleur ami était mordu, et c'était bien la première fois que ça lui arrivait ; il avait tout de l'ado vivant son premier amour.

— Je n'en peux plus, je te jure… hier soir, j'étais convaincu qu'il allait enfin passer à l'action… et rien, il m'a planté devant la porte de chez moi !

— Et pourquoi tu ne fais pas le premier pas ?

— Bah, j'ose pas…

Je levai les yeux au ciel en étouffant un fou rire.

— Ne te fous pas de ma gueule !

— C'est plus fort que moi, désolée…

La porte d'entrée claqua dans mon dos, je regardai par-dessus mon épaule ; Edward rentrait de son reportage, trempé des pieds à la tête. Il lâcha lourdement son sac de matériel, balança son caban en bougonnant. Puis il me remarqua et s'avança vers moi, le visage toujours fermé. Arrivé devant le canapé, il se pencha et m'embrassa la tempe en soupirant. Dans mon oreille, il murmura « Félix ? », je hochai la tête. Il esquissa un sourire en coin.

— Eh ! Diane, je t'ai perdue ou quoi ? vociféra Félix dans le téléphone.

— Excuse-moi, Edward vient de rentrer…

— OK… j'ai compris… je te rappelle demain.

Il me raccrocha au nez et je laissai tomber mon téléphone à côté de moi. Edward n'avait toujours pas bougé, les mains de chaque côté de mon corps, appuyées au dossier du canapé.

— Je vais vraiment finir par penser que je lui fais peur… Il coupe vos conversations dès qu'il sait que je suis là.

— Non… il veut nous laisser tranquilles… Et puis, je l'ai presque tous les jours au téléphone, alors…

Edward me fit taire d'un baiser.

— Bonjour, me dit-il en éloignant ses lèvres des miennes.

— Je ne t'ai pas entendu partir ce matin… ç'a été, ta journée ?

— Parfaite, le temps convenait à ce que je voulais faire.

— C'est pour ça que tu es de mauvaise humeur ?

— Plus que d'habitude ?

— Non, lui répondis-je en riant.

Il m'embrassa encore une fois avant de se relever. Je me mis debout à mon tour. Il enfila un pull sec avant de se servir un café.

— Je pars dans cinq minutes chercher Declan, lui annonçai-je.

— Tu veux que j'y aille ?

— Non, je dois passer voir Jack après, et j'ai quelques courses à faire.

Il s'approcha de moi, me caressa la joue et fronça les sourcils.

— Tu es fatiguée ?

— Non… comment pourrais-je l'être ?

— Si tu le dis, me répondit-il, pas convaincu pour un sou.

Il sortit de sa poche son paquet de cigarettes – trempé – et gagna la terrasse. J'enfilai mon manteau pour le rejoindre. Je me blottis contre lui. Edward traversait régulièrement des moments d'angoisse où il craignait que je regrette mon choix.

— Ne t'inquiète pas… je vais bien, je ne me suis jamais sentie aussi bien.

Je levai les yeux vers lui, il m'observait, le visage dur, comme à son habitude. Je caressai sa barbe, frôlai sa mâchoire avec mes doigts, il me saisit par la taille, me plaqua contre lui et m'embrassa rageusement. Sa façon à lui de me dire qu'il avait peur de me perdre. Je n'arrivais pas à comprendre qu'il puisse encore craindre ça… Je répondis à son baiser avec toute l'intensité de mon amour. En me détachant de lui, je lui souris, volai la cigarette qu'il avait entre les doigts et tirai plusieurs bouffées avant de la lui remettre entre les lèvres.

— À tout à l'heure ! chantonnai-je, en le laissant.

Il râla. Je passai par la cuisine, attrapai un paquet dans le frigo, et les clés de voiture.

Quelques minutes plus tard, je me garais en barbare devant l'école, juste à l'heure : les enfants sortaient des classes. J'aperçus la chevelure indisciplinée de Declan au milieu des autres. Il bouscula ses copains et se précipita sur moi. Il avait la même peur que son père : ma disparition soudaine.

— Ça va, mon champion ?

— Oui !

— Allez, on grimpe en voiture !

En arrivant chez Jack, nous le trouvâmes assis dans le rocking-chair d'Abby, le journal sur les genoux, fixant son feu de cheminée. Il vieillissait chaque jour davantage, le manque de sa source d'énergie se faisant de plus en plus sentir. L'hiver et les fêtes de Noël lui avaient fait prendre dix ans. J'étais la seule à qui il parlait de son chagrin ; il savait que je le comprenais. J'aimais ces tête-à-tête que nous partagions régulièrement. Je venais plusieurs fois par semaine chez lui. Tout en râlant, il me laissait remettre de l'ordre dans la maison, lui préparer quelques plats d'avance. Je voulais le forcer à se battre. Ma démarche était égoïste, je le savais, mais je souhaitais épargner Declan, Edward et Judith quelque temps. Nous avions tous besoin de lui. Mon plus grand allié était ce petit garçon qui sautillait partout dans le séjour, en lui demandant quand ils allaient pouvoir retourner pêcher tous les deux.

— Dimanche, si tu veux, lui répondit-il.

— C'est vrai ?

— Oui ! Ton père et Diane ont des choses à faire, lui dit-il en me faisant un clin d'œil.

Je déposai un baiser sur sa barbe blanche et allai ranger dans la cuisine les plats préparés le matin même.

— As-tu besoin de quelque chose ? lui demandai-je une fois revenue près de lui. On va faire des courses. Et je dois passer à la pharmacie, aussi, dis-moi.

— Non, j'ai tout ce qu'il me faut. Mais ne traînez pas, il fait mauvais ce soir.

— Tu as raison ! Declan, tu es prêt ? On y va.

Le lendemain matin, je papillonnai des yeux en sentant un baiser sur mes lèvres. Edward était penché sur moi, il souriait en détaillant mon visage, ses mains se baladaient sur mon corps.

— Que veux-tu faire ce week-end ? me demanda-t-il de sa voix rauque ensommeillée.

— Dormir…

— Reste au lit, je me lève.

— Non…

Je m'accrochai à lui, le forçai à se rallonger, et m'écrasai contre son torse, en frottant mon nez contre sa peau. Il n'essaya pas de lutter contre moi, il me serra contre lui, je soupirai d'aise. Je commençai à disséminer des baisers sur sa peau, et à grimper de plus en plus sur lui, ses mains se faisaient plus pressantes sur mon corps… Et puis nous entendîmes les pas de Declan dans le couloir, ainsi que les jappements du chien.

— J'y vais, prends ton temps, ronchonna Edward.

Je négocierai avec Jack pour que Declan dorme chez lui ce soir.

— Bonne idée…

Il sortit du lit, enfila son jean qui traînait par terre et rejoignit le couloir en prenant soin qu'aucun intrus n'entre dans notre chambre. Je me calai à sa place, et somnolai une petite heure.

Lorsque je me décidai à me lever, je fis un passage plus long que d'habitude par la salle de bains. Avant d'en sortir, je me regardai dans le miroir, en étouffant un rire, les larmes aux yeux. Je descendis au rez-de-chaussée, légèrement tremblante. Declan était allongé par terre et jouait avec son circuit de voitures. Quand il me vit, il bondit sur ses pieds et me sauta dessus. Je lui fis un gros câlin, comme chaque matin.

— Diane, je dors chez Jack, ce soir !

Edward n'avait pas perdu de temps.

— Tu es content ?

— Oui !

Il repartit jouer, sans plus se préoccuper de moi. Je me servis une tasse de café au bar de la cuisine, et embrassai la pièce du regard. Declan jouait, détendu, serein, comme un petit garçon de son âge ; Postman Pat ronflait les pattes en l'air devant la cheminée allumée et, à travers la baie vitrée, je voyais Edward sur la terrasse, le regard tourné vers la mer, cigarette aux lèvres, pensif, en paix. Mon cœur se gonfla de bonheur, je revenais de loin, nous revenions tous de loin. Nous avions réussi à créer une famille heureuse de gens brisés, abîmés, et nous allions bien… Mon café à la main, je rejoignis celui pour qui mon cœur battait et avec qui je partageais désormais tout et bien plus encore. Nos regards s'accrochèrent, je lui envoyai un sourire à décrocher la lune.

— Ça va ? me demanda-t-il.

— Oui, très bien, même…

Comme chaque matin, il me lança son paquet de cigarettes. Je le fixai de longues secondes. Puis je l'ouvris, me shootai à l'odeur de tabac en fermant les yeux, avant de le lui renvoyer.

— Tu es malade ?

— Absolument pas…

— Tu n'as pas envie d'une clope ?

— Si, j'en crève d'envie.

— Qu'est-ce qui te prend ?

Sans cesser de sourire, je fis les deux pas qui me séparaient de lui pour me blottir dans ses bras.

— Je dois arrêter de fumer, Edward…

REMERCIEMENTS

À Roxana et Florian qui m'ont mis le pied à l'étrier pour me plonger dans cette suite, vous avez titillé mon envie de l'écrire…

À Estelle, mon éditrice ; tes conseils, ton écoute, ta façon discrète et élégante de me glisser tes remarques resteront gravés dans mon écriture.

À Guillaume… en plus de tout le reste qui n'a pas sa place ici… tu as dû épouser ma rencontre avec l'Irlande, tu t'es sacrifié pour y avoir froid et boire de la Guinness et du whisky ! Je peux te le dire ici, même si dorénavant je laisse Diane vivre sa vie sans moi, nous y retournerons…

À vous, lectrices et lecteurs, je suis riche et honorée de vos mots, de vos encouragements, de vos sourires…

À La Belle Hortense, pour nous avoir laissé les clés et permis de faire cette magnifique séance photo. L'image de Diane aura été capturée dans le lieu qui m'a inspiré *Les Gens*…

À Diane, petit bout de bonne femme sortie de ma tête il y a plus de quatre ans… tu m'as poussée à écrire et tu m'as offert d'être auteur… Tu conserveras toujours une place à part…

Imprimé en France par CPI
en septembre 2019
N° d'impression : 3035930

Dépôt légal : septembre 2019
Suite du premier tirage : septembre 2019
S30089/02